Andrea Schwarz

Reise in die Sehnsucht

Ich bin

Das Brot
Das Licht der Welt
Die Tür
Der Gute Hirte
Die Auferstehung
Der Weg
Die Wahrheit
Das Leben
Der wahre Weinstock

Andrea Schwarz

Reise in die Sehnsucht

Sein. Leben. Gehen.

Mit Bildern von
Eberhard Münch

und Texten von
Sr. Ulrike Diekmann cps

adeo

Für die Menschen, die mir dabei helfen
und geholfen haben, zu sein, zu leben und zu gehen –
ganz besonders meinen Eltern,
Angelo und Ulrike.
Andrea Schwarz

Die Farbspuren sind meiner Ehefrau
Maria Amelia gewidmet.
Eberhard Münch

Inhaltsverzeichnis

Können Sie mir sagen, wo ich eigentlich hinwill?

Verblüfft nahm ich den Hörer vom Ohr und schaute mein Telefon irritiert an.

Mitten in meinem Umzug hatte ich meine Telefongesellschaft anrufen müssen, um etwas wegen des neuen Telefon- und Internetanschlusses zu klären. Ich kam in eine Warteschleife, wurde auf den nächsten freien Mitarbeiter vertröstet, wappnete mich mit Geduld und hörte plötzlich statt irgendeiner Musik eine nette Stimme, die sagte: „Sie wollen nach Wuppertal – und wissen nicht warum? Wir sagen es Ihnen!" Ich schüttelte verwirrt den Kopf. Nein, ich wollte eindeutig nicht nach Wuppertal! Wieso überhaupt Wuppertal? Nichts gegen diese Stadt, aber was um alles in der Welt soll ich dort? „Wir sagen es Ihnen!" – na fein! Da sagt mir jemand, warum ich in eine Stadt will, in die ich eigentlich gar nicht hinwill.

Diese kleine Szene beschäftigte mich noch, als ich schon längst mit einer freundlichen Mitarbeiterin gesprochen hatte und alle meine Fragen geklärt waren. „Sie wollen nach Wuppertal – und wissen nicht warum? Wir sagen es Ihnen!". Ist es heute nicht tatsächlich so, dass viele Menschen irgendwohin wollen – aber eigentlich gar nicht genau wissen, warum? Ja, mehr noch: Dass uns gesagt wird, wo wir hinzuwollen haben – und gleich auch noch die Begründungen mitgeliefert werden? Und wenn man selbst nicht so genau weiß, wo der eigene Weg hingehen soll, dann nimmt man eben den, den andere einem vorschlagen – denn die scheinen ja zu wissen, warum man z.B. jung, reich und glücklich sein soll. Warum man in facebook sein muss, der nächste Urlaub unbedingt in die Dominikanische Republik gehen oder auf einem Kreuzfahrtschiff stattfinden muss, warum die Wohnung blitzblank geschniegelt sein muss und warum rechtsdrehende

Joghurtkulturen besser sind als linksdrehende (oder war es doch umgekehrt?).

„Sie wollen nach Wuppertal und wissen nicht warum? Wir sagen es Ihnen!" – wahrscheinlich könnte man das als Vorlage für jede Anzeige und jeden Werbespot verwenden – und müsste nur den Ort durch ein Produkt, ein entsprechendes Lebensgefühl, einen entsprechenden Traum ersetzen. Und die Begründungen werden gleich noch mitgeliefert.

„Der Mensch wird als Original geboren und stirbt als Kopie", so heißt es in einem Spruch – weil wir uns haben sagen lassen, wo wir hinwollen – und warum.

Aber in uns Menschen lebt eine Sehnsucht. Und das ist gut so.

Diese Sehnsucht ist für uns manchmal nicht fassbar, nicht beschreibbar, sie hat kein Ortsschild und keinen Namen. Es ist die Sehnsucht nach dem Anderen, die Vorstellung von gelingendem, erfülltem Leben. Und diese Sehnsucht treibt uns um – und führt uns manchmal auf die seltsamsten Pfade und Wege – immer auf der Suche. Und nicht immer gelangen wir dabei ans Ziel – wenn wir nämlich auf die Stimmen von außen hören, die uns sagen, wo wir hin sollen.

Diese Sehnsucht ist uralt – so alt wie die Menschen. Und es gibt ganz unterschiedliche „Wegbeschreibungen" zu dieser Sehnsucht. Viele davon werden uns heute über die Medien vermittelt und wechseln fast so schnell wie die Sonderangebote beim Discounter. Man erkennt sie unschwer am Vierfarbdruck, Hochglanzpapier und den dicken Schlagzeilen. Sie sagen uns, wo wir hinwollen – und warum. Aber das kann morgen schon wieder ganz anders lauten.

Andere Wegbeschreibungen sind über Jahrhunderte, wenn nicht sogar Jahrtausende, hinweg überliefert und erprobt. Sie wollen uns dabei unterstützen, unseren eigenen Weg zu finden – und ihn zu gehen. Diese Wege sind keine sechsspurigen Autobahnen, auf denen sich der Verkehr staut, und auch die Start- und Landebahnen der Flughäfen haben wenig damit zu tun. Es ist kein „Traumschiff", das ins Paradies fährt, und nicht die „Seilbahn zum Glück". Das Ziel heißt Leben – das ganz eigene, unverwechselbare Leben, das kein anderer für mich leben kann. Und das mag manchmal sehr schlicht und unscheinbar daherkommen, mit Höhen und Tiefen, gelegentlich voller Grautöne. Aber dieses Leben hat ein ehrliches Gesicht. Es gaukelt mir nichts vor, übertüncht nichts, baut keine Fassaden auf. Und: Es ist kein Event und keine Massenveranstaltung. Es ist mein Leben – und nicht das, von dem mir andere einreden wollen, es wäre das Leben, das ich zu leben habe. Ja, mag sein, dass ich dann auch in „Wuppertal" lande oder dort, wofür diese Chiffre steht – aber wenn ich dort ankomme, dann deshalb, weil ich dort hinwollte. Und genau das ist der Unterschied.

Eine solche Beschreibung „versteckt" sich in einem Buch, in dem viel altes Menschheitswissen versammelt ist und das schon über Jahrtausende hinweg Menschen dabei hilft, ihre Sehnsucht ernst zu nehmen und ihr zu trauen – der Bibel.

Dieses uralte Wissen aus der Bibel will zum Leben einladen. Es will ermutigen, der eigenen Sehnsucht zu trauen und sich auf den Weg zu machen – damit Sie am Ende nicht sagen müssen: „Jetzt bin ich zwar in ‚Wuppertal' (oder was auch immer Sie dafür einsetzen mögen!) – aber da wollte ich doch gar nicht hin!!"

Zu dieser Reise in Richtung ‚Leben' sind Sie eingeladen.

Darf ich trotzdem noch einen Hinweis geben? Man sollte das Lesen von Reisebeschreibungen nicht unbedingt mit dem Weg selbst verwechseln – losgehen müssten Sie dann schon gelegentlich selbst. Aber das kennen Sie ja auch von einem guten Restaurantbesuch – das Lesen der Speisekarte kann zwar dabei helfen, sich zu entscheiden, was man essen möchte – es nimmt einem aber trotzdem die Entscheidung und das „Selber-Essen" nicht ab ...

Es geht darum, eine persönliche Lebensentscheidung zu treffen und dann sein Leben zu gehen – oder anders gesagt: Zu sein, zu leben und zu gehen, damit es eine Reise in die Sehnsucht wird.

Einige Texte in diesem Buch hat Sr. Ulrike Diekmann cps aus psychologisch-spiritueller Sicht geschrieben, wofür ich ihr sehr danke. Sie weist in ihren Beiträgen auf mögliche Fehlformen hin, die es zu beachten gilt.

Die Bilder von Eberhard Münch laden zum meditativen Verweilen ein und vertiefen auf ihre Weise die Gedanken. Sie machen dieses Buch zu einem Kunstwerk! Auch ihm ein herzliches und aufrichtiges Danke!

Andrea Schwarz

damit das leben
geht
muss man

sein

nur im sein
wird
die sehnsucht

leben

und voller sehnsucht
suche ich den weg
und werde

gehen

sein

atmen, sich spüren, fühlen, jetzt, der Moment, ein leiser Wind, der
heisere Schrei der Wildgänse, eine aufbrechende Knospe, eine zarte
Berührung, ein liebender Blick, der Duft von frisch gemähtem Gras,
die Muschel im Sand; Wellen, die sich brechen; das sanfte Licht des
Mondes, Nebel über der Ems, umgegrabene Erde, der Buchfink im
Futterhäuschen, das leise Plätschern des Baches, die gelbe Quietsch-
ente in der Badewanne, die Träne im Augenwinkel, die Umarmung
eines Freundes, der Brief im Briefkasten, die abgearbeiteten Hände, …

leben

lachen, weinen, nachdenklich sein, lieben, trauern, Angst haben,
zuversichtlich sein und mutig, verrückt und chaotisch; hoffen, genervt
und gelangweilt, angeregt; tanzen, schlafen, sich bewegen, wütend
sein, trösten, arbeiten, essen, planen, sich erinnern, sich verkriechen,
sich etwas trauen, …

gehen

sich auf den Weg machen, den nächsten Schritt wagen, zweifeln, vertrauen, zurücklassen, aufbrechen, Weggefährten, Proviant, neugierig
sein, wagen, Zukunft, Heimat, Lust haben, das Neue, Angst, vielleicht,
warum nicht?, trotzdem, gerade deswegen, erforschen, suchen und
finden, Herausforderung, nicht langweilig, gefährlich, interessant,
Wegweiser, Landkarten, in Bewegung sein, …

zu dir

entschiedenheit
klarheit
gerade linien
das ist
der weg

und dann das leben
hell und dunkel
bricht ein bewegt
schwingt sich über grenzen
herb und sanft

und in der spannung
wird frieden geboren

wird weg zum leben
und leben zum weg

Den Weg suchen

Wo und wie aber sucht man seinen Weg, wie lässt er sich finden?

Eine Antwort aus dem Neuen Testament der Bibel heißt: Jesus Christus nachfolgen. Er hat uns vorgelebt, wie es gehen kann. Er hat es uns gezeigt, er will, dass wir leben, er will unsere Lebendigkeit. Wenn wir unser Leben an ihm ausrichten, dann werden wir „das Leben haben und es in Fülle haben" (Johannes-Evangelium, 10. Kapitel, Vers 10).

Manche, die die Bibel kennen, werden jetzt einwenden: Leben in Fülle? Dieser Jesus Christus ist gescheitert, er wurde brutal ans Kreuz geschlagen, wurde ermordet von denen, die er störte. Ja, das stimmt – aber damit endet seine Geschichte nicht. Er hat die Grenze zwischen Leben und Tod überschritten, er hat uns vorgelebt, dass der Tod nicht das letzte Wort hat. An Ostern feiern wir den Sieg des Lebens über den Tod.

Und genau das bringt uns seine Botschaft auf ehrliche Weise nahe. Der Tod, das Dunkel, die Verzweiflung, die Angst haben einen Platz darin, sie dürfen sein, weil es sie gibt und sie zum menschlichen Leben dazugehören. Und doch ist das Leben stärker.

Bei denen, die uns die ‚Traumschiffreise Leben' verkaufen wollen, kommen die dunklen Seiten nicht vor. Und sollten sie sich doch einmal „unvorhergesehen" ereignen, werden sie schnell versteckt, zugedeckt, übertüncht, geleugnet. Leben auf dem „Traumschiff" ist schön, gesund, jung, glücklich – alles andere darf nicht sein.

Bei Jesus Christus ist das anders. Er geht zu denen, die arm sind, krank, benachteiligt, ausgestoßen – und er holt sie ins Leben zurück. Er verspricht nicht, dass wir nie mehr weinen werden, im Gegenteil: Die Evangelien erzählen, dass Jesus selbst weint. Er weiß, was Tränen, Schmerzen, Verlorenheit sind … und genau in diesem Dunkel ist er dabei, geht er mit uns Menschen mit, und geht uns voraus, um uns den Weg zu zeigen vom Tod zum Leben. Und genau deswegen lohnt es sich, ihm zu folgen, seinen Weg zu gehen. Es ist ein ehrlicher Weg. Wenn man das jetzt sehr theologisch ausdrücken will, würde man sagen, es geht darum „Christus ähnlicher" zu werden. Richard Rohr, ein Franziskaner aus den Vereinigten Staaten, sagt es etwas flapsiger, wenn er einen jüdischen Rabbi zitiert: „Wenn man lange genug bei Gott rumhängt, färbt der Typ auch irgendwie ab". Also – wenn ich mich in der Gegenwart Gottes aufhalte, dann wird etwas von Gott auf mich abfärben. Wenn ich Jesus nachfolge, dann wird sein Weg zu meinem.

Aus meinem Alltagsleben kenne ich das gut, meine Umgebung prägt mich, färbt auf mich ab. Seit einiger Zeit lebe ich im Emsland, auf der Deutschlandkarte betrachtet sozusagen ziemlich weit oben, kurz vor der Nordsee. Der Himmel ist weit, man sieht die Wolken ziehen, lebt mit der Natur. Hier ist sogar der November-Nebel schön, wenn er sich über die Wiesen an der Ems senkt. In den schmalen Straßenschluchten einer Großstadt wird mein Blick eng, habe ich nur Asphalt unter den Füßen, belastet Nebel das Gemüt. Das eine macht mich weit, das andere eng. Meine Umgebung wirkt auf mich. In manchen Tagungshäusern fühle ich mich sofort wohl und willkommen, in anderen würde ich am liebsten gleich wieder gehen und in ein Hotel umziehen. Es gibt Menschen, bei denen fühle ich mich zuhause und angenommen, so wie ich bin – da kann ich mich öffnen. Andere schaffen es mit einer Bemerkung, einer Frage, dass ich mich sofort einigele, alle Stacheln aufstelle, alle Antennen auf „Alarm" ausgerichtet sind.

Dort, wo ich jung, gesund und glücklich sein muss, um „in" zu sein, darf ich nicht alt und krank und traurig werden. Da, wo mir einer sagt: Ich liebe dich so, wie du bist – und ich zeige dir, dass Leben mehr als all das ist, da kann ich sein und leben und neu meinen Weg gehen.

Und ganz ehrlich gesagt: Bei so einem mag ich gerne „rumhängen" …

reise in die sehnsucht

der schrei
der wildgänse
erinnert mich

an der krippe
am kreuz
oder irgendwo auf dem weg

ruf
sehnsucht
bestimmung

dem zu begegnen
der mich
ruft

vielleicht heimat
und doch
wieder aufbruch

miteinander
und doch
allein

der erde verbunden
mit dem himmel
vertraut

mich dem wind geben
das dunkel
als freund

um eines tages
vielleicht
anzukommen

Sein.

Im Buch Exodus im Alten oder „Ersten" Testament der Bibel wird erzählt, wie Mose, ein junger Israelit, dessen Volk im Exil in Ägypten lebt, eine Gotteserfahrung hat. Gott gibt ihm den Auftrag, das Volk aus der Gefangenschaft Ägyptens herauszuführen. Mose ist aber noch ein wenig unsicher.

Da sagte Mose zu Gott: Gut, ich werde also zu den Israeliten kommen und ihnen sagen: Der Gott eurer Väter hat mich zu euch gesandt. Da werden sie mich fragen: Wie heißt er? Was soll ich ihnen darauf sagen? Da antwortete Gott dem Mose: Ich bin der „Ich-bin-da". Und er fuhr fort: So sollst du zu den Israeliten sagen: Der „Ich-bin-da" hat mich zu euch gesandt.

Buch Exodus, Kapitel 3, Verse 13–14

Ich bin da

Der Name Gottes lautet ganz einfach: Ich bin da. Und dieser Name ist zugleich sein Programm. Und so einfach es sich anhört, wie viel umfasst es doch!

Das ist wie die liebevolle Stimme der Mutter, die ihr Kind in den Arm nimmt und es tröstet, weil es sich erschrocken hat: „Ich bin da". Das ist wie das sanfte, fast scheue Streicheln der beiden Liebenden, die sich damit gegenseitig zeigen: „Ich bin da". Das ist wie das auffordernde „Komm" des Vaters, der kurz darauf sein Kind mit offenen Armen auffängt: „Ich bin da". Das ist wie die Hand, die behutsam mit einem Tuch den Schweiß auf der Stirn des Kranken abwischt: „Ich bin da". Oder auch wie der Stern, der auf einmal mitten in der Nacht zwischen den Wolken aufblitzt: „Ich bin da!"

Gott ist einfach da. Wie eine tröstende Mutter, ein guter Freund, eine Hand, die hält, Arme, die zum Sprung auffordern, ein aufblitzender Stern – er ist da.

Er ist da, einfach so. Weil er uns liebt. Liebe will nichts vom anderen, knüpft sich nicht an Bedingungen, stellt keine Forderungen, liebt nicht erst, wenn …

Liebe meint nicht sich selbst, sondern den anderen. Liebe will nicht die eigenen Bedürfnisse stillen, sondern dem anderen helfen, seinen Weg zu finden und zu gehen – indem die Liebe einfach da ist und eine Atmosphäre des Vertrauens, der Wärme, der Zuversicht schafft. So geborgen, gehalten und geliebt kann ich meinen Weg gehen – ohne Angst und ohne Druck.

Ich kann gehen, weil ich sein darf. Und weil ich bin, kann ich gehen.

Das ist die Zusage Gottes: „Ich bin da".

Weil er ist, kann ich sein.

Und leben ist, wenn ich bin.

ich es nur zuließe. Aber ist es nicht wahr, dass ich diese Erklärung oftmals nur hinten anhänge, weil ich mich selbst davon überzeugt habe, dass ich mich erklären muss. Dass ich mir als reines *Ich bin* nicht genug bin und vor den Augen anderer vermutlich auch nicht. Arroganz und Stolz schleichen sich ein, oft aus tiefer Unsicherheit geboren, und ich füge Worte an, hier und da, nur um so mein ‚schlichtes Sein‘ zu verschönern, und zu beweisen, dass ich wirklich wer bin.

Ich fühle mich erst wie jemand, vor allem jemand Besonderes, wenn ich im Detail alle die Erfolge meines Unterwegsseins auflisten kann – Positionen, die ich erreicht habe, Zertifikate, die ich an mein Bewerbungsschreiben anhängen kann, Besitzgüter, mit denen ich protzen kann, Mitgliedschaften, die mich auszeichnen, Reisen, die mich in aller Herren Länder führten und nun weltgewandt erscheinen lassen sollen … Diese Einzelheiten werden zum entscheidenden Kriterium im Vergleich mit anderen. Bewusst oder unbewusst teilen wir alle in zwei Kategorien auf: diejenigen, die etwas zu bieten haben und diejenigen, die nichts haben. Die, die Großes tun und die, die nichts geregelt kriegen, die Studierten und die Dummen, die Machtvollen und die Machtlosen, die Geschätzten und die Verschmähten … Aber es stellt sich die Frage, wer festgelegt hat, dass mich die Beschreibungen hinter meinem *Ich bin* ‚besser machen‘ als andere?

Sicher ist auch, dass in unserer Gesellschaft, ‚in der Zeit Geld ist‘, ein Mensch, der in einer Ecke sitzt und einfach nur da ist, mit seiner Lebenshaltung schnell Entrüstung, ja fast Entsetzen hervorruft. Ein solches Sein wird als faul abgestempelt, als unakzeptabel kritisiert und zu guter Letzt als unverantwortlich verpönt. Das *Ich bin* wird abgewertet, denn das Tun wird als besser und wichtiger angesehen. So trete ich in die Arena von Aufgaben und Verantwortungen, von Angebot und

Nachfrage, von endlosen Stunden des Schaffens, oft bis zum Umfallen. Dann vermag ich oftmals nicht mehr, mein Tun meinem Sein anzupassen und Grenzen zu wahren. So verkomme ich im Sog wilder Geschäftigkeit, verfalle vielleicht sogar dank Überanstrengung dem Burn-out und zerstöre mich am Ende selbst. Ganz langsam, aber sicher, durch diesen unerbittlichen und hartherzigen Wettkampf im vom Konkurrenz-Denken gesteuerten Erfolgsdrang.

Zu oft erlaube ich dem Erfolgsdrang und anderen Äußerlichkeiten, mich zu stören und zu verwirren. Sie locken mich von einem tiefen Bewusstsein meiner Selbst fort und so gehe ich nicht achtsam mit meinem Sein um. Was dann geschieht, ist bekannt. Wenn ich so handle, bin ich nie im Hier und Jetzt. Wenn ich sitze, stehe ich bereits. Wenn ich mich ausruhe, plane ich schon, was kommen soll. Ich lebe entweder in der Vergangenheit, spüre alten Verletzungen nach und trauere über all das Verlorene, oder ich träume mich in eine Zukunft hinein, die es vielleicht nie geben wird, und fühle diesen mich überwältigenden Anflug von Furcht und Angst ... Ich habe die Richtung in meinem Leben verloren, denn *Ich bin* nicht wirklich, sondern lebe in Zwischenräumen meiner Existenz. Nie verwurzelt, nie verankert, nie ganz zu Hause. Warum? Weil ich die einfache Wahrheit und das wahre Geschenk meines Lebens nicht schätze, dieses *Ich bin*.

Vielleicht erweckt all diese Geschäftigkeit in mir die Illusion, dass ich wichtig bin, eine Identität und somit Bedeutung habe, die für die Welt wertvoll ist. Dadurch schreibe ich mir vielleicht sogar ein Recht zum Leben zu. Und das alles hebt dann mein Selbstwertgefühl. Aber letztlich ist alles nur kurzlebig, zerbrechlich und vergänglich. Wie drückt es der biblische Prediger Kohelet aus? „Ich beobachtete alle Taten, die unter der Sonne getan wurden. Das Ergebnis: Das ist alles Windhauch und Luftgespinst." (Koh 1,14). All das, was mich heute angeblich zu der Person macht, die ich mir als Identität zugelegt habe, kann schon morgen vorbei sein. Im Lukasevangelium (Kapitel 12, Vers 20) heißt es: „Du Narr! Noch in dieser Nacht wird man dein Leben von dir zurückfordern". Dann ist es nicht mehr wichtig, was ich an Reichtum angesammelt und gespeichert habe, wer ich in den Augen anderer geworden bin, wovon ich in meinem Leben profitiert habe.

Am Ende bleibt nur das *Ich bin*, in aller Nacktheit und Blöße. Vielleicht habe ich den Zeitpunkt verpasst, mich darin zuhause zu fühlen. Jetzt scheint es zu spät zu sein, und ich weiß eigentlich überhaupt nicht, wie ich mit diesem Gedanken umgehen soll. In Pension geschickt, in den Fängen schwächender Krankheiten verfangen, auf das Abstellgleis sozialer Netze geschoben ... bleibt mir nichts mehr als Traurigkeit, Lustlosigkeit, ein Gefühl von Leere und Sinnlosigkeit. Warum? Weil mir alles genommen wurde – so denke ich zumindest. Aber vielleicht wäre es ehrlicher, mir einzugestehen, dass ich dieses *Ich bin* meines Menschseins nie angenommen, es niemals zum wertvollsten Teil meines Lebens gemacht, ja dieses wohl größte Geschenk, das mir Gott anvertraut hat, ungeöffnet im Regal vergessen habe...

Es geht darum, dieses Geschenk zu kosten, es sozusagen auf der Zunge meiner Seele zergehen zu lassen, dieses *Ich bin*. Wann habe ich das letzte Mal mich selbst und mein Sein gefeiert? Wann habe ich Menschen um mich herum zugejubelt, einfach nur weil sie sind? Wann habe ich das letzte Mal ehrlichen Herzens „Danke" für mein eigenes Leben und das anderer gesagt?

Es ist Zeit, dass ich aufwache.

Gott ist – Ich bin.

In diesem allgegenwärtigen und göttlichen Sein bin auch ich umarmt,
gehalten und zutiefst beschenkt.

So erfahre ich

schützende Geborgenheit in den Krisen meines Lebens.

Es ist eine Einladung zum Genießen. Mehr noch:

Ein kraftvoller Strom, der mich tragen kann,

die Verwurzelung im Urgrund meiner Würde und

das Überquellen von Lebensfreude.

Ja, es lohnt sich neue Wege zu gehen, immer mehr hinein in das:

Ich bin!

Ich existiere!

Ich lebe!

Sr. Ulrike Diekmann cps

Gebet in der Küche

für ein paar Minuten
sitze ich hier
ich habe eine Kerze angezündet
mein Blick fällt auf die kleine Tulpe
die tapfer gegen alle Dunkelheit anblüht

die Kinder sind aus dem Haus
bei Tanja ist noch der Schuhbändel gerissen
Bernd hat den Becher mit Kakao umgeworfen
und Sven hat mir noch ganz charmant
den Deutschaufsatz mit Note 4 – zum Unterschreiben hingelegt

das Geschirr ist in die Spülmaschine eingeräumt
zum Mittagessen gibt es Bratwurst mit Kartoffelbrei
zum Metzger muss ich noch
heute Nachmittag ist bügeln angesagt
und ich muss den Zahnarzttermin vereinbaren

bei Oma sollte ich noch vorbei
und Katja hat Geburtstag
und wann mach ich denn den Kartoffelsalat
und überhaupt da ist so viel
aber nicht jetzt

jetzt sitze ich hier
bei einem Kaffee mit meiner Kerze
und gönne mir etwas Zeit
für mich
und für dich

ich werde ruhiger
schaue in die Kerze
auf die Tulpe
das Kreuz
und bin einfach da

und bringe dir
alles was ich getan habe
und was noch zu tun ist
all das, was ich nicht geschafft habe
und vielleicht nie schaffen werde

liebst du mich wirklich so
wie ich bin
manchmal bin ich so unsicher
meinst du wirklich mich
mit deiner Liebe

da ist so viel Alltag
da sind so viel Kleinigkeiten
und immer wieder dasselbe
kochen waschen bügeln
das kann dich doch gar nicht interessieren

aber
ich bin da
einige Minuten
für dich
mit dir

ich sage leise „du“
frage suchend „wo bist du?“
schaue nach dir aus
halte still
schweige höre

die Küchenuhr tickt
draußen zwitschert ein Vogel
ein Sonnenstrahl fällt auf den Tisch
am Fenster krabbelt ein Marienkäfer
die Tulpe blüht

das ist dein

ich bin da

Die Würde des Menschen

Wie wird man eigentlich ein Mensch? Auf den ersten Blick mag die Antwort leicht sein: Man wird gezeugt, wächst im Mutterleib heran, kommt zur Welt – und ist da. Aber ganz so einfach ist es dann doch nicht. Immerhin kennt die deutsche Sprache auch das Eigenschaftswort „unmenschlich" – und damit bezeichnen wir Menschen, die etwas ganz Verachtungswürdiges tun oder getan haben – oder auch Situationen, die dem Menschen und seiner Würde nicht gerecht werden. Unmenschlich war es, wenn man in der Nazi-Zeit an Juden medizinische Experimente durchführte. Unmenschlich ist es und eigentlich auch unvorstellbar, wie man ein kleines Kind misshandeln oder gar töten kann. Unmenschlichkeit, die hat heute Namen wie Guantanamo oder Darfur.

Wie wird man eigentlich ein Mensch?

Mensch-Sein, das hat etwas mit Würde zu tun. „Die Würde des Menschen ist unantastbar", so heißt es in unserem Grundgesetz. Die Würde des Menschen ergibt sich einfach durch sein „Sein". Deshalb sind die „Grenzübergänge" in dieses „Sein" so wertvoll und so kostbar – Geburt und Tod. Auch wenn sie nicht immer leicht sind …

In diesen Momenten ahnt man etwas von der Bedeutung, spürt man Ehrfurcht vor dem Leben, das so kostbar und einzigartig ist, so zerbrechlich und stark zugleich – und sich einzig und allein durch das „Sein" schon ausreichend beschreiben lässt. Alles und jedes, was dieses Leben in sich trägt, verdient diese Ehrfurcht – weil es den Atem Gottes in sich trägt. Und das schließt das ungeborene Leben, das behinderte Leben und das sterbende Leben mit ein. Und es gilt auch für diejenigen, die falsche Wege eingeschlagen, sich versündigt, Dinge getan haben, die abscheulich sind. Es mag furchtbar sein, was sie angerichtet haben – und ihre Taten sind zu verurteilen. Und doch haben wir kein Recht, solchen Menschen ihre Würde als Mensch zu nehmen.

Denn nicht wir haben darüber zu entscheiden, sondern Gott selbst hat ihnen Würde verliehen, indem er sie ins „Sein" rief. Dadurch, dass er in Jesus Christus selbst Mensch geworden ist, hat seine Zusage eine neue Dimension bekommen. Wenn für ihn das „Mensch-Sein" so wertvoll ist, dass er selbst Mensch wird, einer von uns, dann haben wir kein Recht, anderen diese Würde abzusprechen.

Schuldig werden wir dann, wenn wir anderen Menschen ihre Würde nehmen.

Und auch ich selbst darf mir meine Würde von nichts und niemandem nehmen lassen! Wenn andere mir einreden wollen, dass ich nichts wert bin, muss ich mich und das, was ich brauche, ernst nehmen. Im Neuen Testament sagt es Jesus ganz einfach: Du sollst den Herrn, deinen Gott, lieben – und deinen Nächsten wie dich selbst (vgl. Markus-Evangelium, 12. Kapitel, Verse 29 – 31). Gott ist es, der uns Menschen diese Würde schenkt – und ich muss es vor Gott verantworten, wenn ich mir oder anderen diese Würde nicht gebe.

Und Gott wird mich vielleicht eines Tages fragen: „Was hast du aus dem gemacht, was ich dir gegeben habe? Ich habe dir das Leben, das Sein geschenkt – warst du? Bist du?"

Bin ich?

Schlagzeilen

ein kleines Kind
verhungert
Babyleichen
in der Gefriertruhe
Kinderpornographie
Missbrauch von Minderjährigen

es gibt keine Ehrfurcht mehr
vor dem Leben
DNA-Codes sind entschlüsselt
man meint
alles zu wissen
man meint
das Leben
beherrschen zu können

aber erklär mir
einer

woher kommt
das Schlagen eines Herzens
in einem Zellklumpen
woher kommt der Atem
und wie geht er
in einen Menschen hinein

und wohin geht er
wenn er wieder geht

wenn ein Körper
eine Hülle zurück bleibt

ja
es ist ein Geheimnis
und es wird ein Geheimnis
bleiben

und in jedem Geheimnis
wohnt die Ehrfurcht
vor dem was kommt
und vor dem was geht

und vor dem
was ist

die Ehrfurcht
vor dem Leben

solange
Gottes Atem
in uns Menschen weht

gehören wir Menschen
Gott

und vorher
und nachher

sowieso

Ich bin Gott dankbar, weil …

Familiengottesdienst am Sonntagmorgen, es quirlte ein bisschen in unserer Kirche umher, der Geräuschpegel war ein wenig höher als sonst an Sonntagen, es war alles irgendwie sehr lebendig. Schön so! Das Thema des Gottesdienstes war „Dankbarkeit". Und am Beginn des Gottesdienstes ging der Gemeindereferent, der den Gottesdienst vorbereitet hatte, mit dem Mikro zu den Kindern in den ersten Bankreihen und fragte sie, wofür sie dankbar sind. Es kamen die schönsten Antworten – von „Familie" über „Opa und Oma" (die anscheinend als eigene Institution angesehen wurden!) bis hin zu Nintendo und MP4-Playern und Handys.

Der Gemeindereferent spitzte seine Fragestellung noch einmal zu: „Wofür seid Ihr denn Gott dankbar?" – kurze Stille, dann meldete sich ein Junge in der ersten Reihe und sagte laut und vernehmlich ins Mikro: „Dass er mich erfunden hat!"

Irgendwie ging ein Schmunzeln durch die Reihen – und zugleich war das ein Moment, in dem der Atem stockte. Da sagt ein Zehnjähriger doch tatsächlich: „Ich bin Gott dankbar dafür, dass er mich erfunden hat!"

Gott hat mich erfunden.

Kann man es besser oder schöner sagen?

Natürlich, es gibt schöne, lyrische Aussagen über genau diese Tatsache: „Gott hat geträumt von dir!" oder „Jeder Mensch ist ein Gedanke Gottes!" – alle ganz nett. Aber stattdessen: „Gott hat mich erfunden!"

Ich bin eine Erfindung Gottes.

Das heißt eigentlich, Gott hat sich Gedanken gemacht über mich. Er hat sich was einfallen lassen. Er hat sich mich einfallen lassen. Und dieser Einfall war es ihm wert genug, in die Tat umgesetzt zu werden. Und so wurde ich.

Gott hat mich wirklich erfunden.

Ich bin einmalig, einzigartig. Und ich bin von Gott gewollt. Und genau das schenkt mir eine Würde, ein Ansehen, ein Selbstbewusstsein, eine Stärke, die es eigentlich aufnehmen müsste mit allen Widrigkeiten des Lebens. Wenn Gott mich erfunden hat, dann hat er mich gewollt – und dann kann mir eigentlich nichts mehr geschehen.

Die Predigt in diesem Gottesdienst hat eigentlich ein zehnjähriger Junge gehalten.

Und es war eine der besten Predigten, die ich je gehört habe.

Ich bin Gott dankbar, weil er mich erfunden hat.

zumutung

im alltag verfangen
verlier ich mich
zwischen terminen
und erwartungen
steuererklärungen
und geburtstagseinladungen
dem käsekuchenrezept
und der bescheinigung
für den arbeitgeber

alltag eben
zu erledigen
zu funktionieren
zu machen
zu tun

und ich erledige
ich funktioniere
ich mache
ich tu

und verlier mich
und find mich nicht
und sehne mich
und will

sein
endlich sein

frei will
ich sein

frei von erwartungen
von druck
von zu erledigendem
von dem
was man von mir will

und da höre ich das wort
zur freiheit hat uns
christus befreit

zur freiheit
befreit
weil es
eine mitte
gibt

34

zur freiheit
befreit
weil es
ihn
gibt

zur freiheit
befreit
um zu
sein

so, wie ich bin
herausgerufen
eingeladen
geliebt

zur freiheit berufen
mutet gott sich zu

gott mutet mich
mir zu

zur freiheit
berufen
mutet mir gott
das leben zu

Sein. Leben.

Die sieben „Ich bin"-Worte Jesu aus dem Johannes-Evangelium

Im Johannes-Evangelium beschreibt auch Jesus Christus sich als ein solches „Ich bin". Da es ihm darum geht, dass Menschen ihm auf seinem Weg folgen, buchstabiert er sozusagen das „Ich bin", das „Sein" Gottes, das er Moses gegenüber offenbart hat, in sieben konkrete Alltagsbilder der Menschen, mitten hinein ins „leben". Die Zahl „sieben" kommt dabei nicht von ungefähr, sie ist das Symbol für ein Ganzes und die Vollkommenheit. Folgende Aussagen Jesu finden wir im Johannes-Evangelium:

Ich bin das Brot des Lebens (Kapitel 6, Verse 35 und 48)
Ich bin das Licht der Welt (Kapitel 8, Vers 12)
Ich bin die Tür (Kapitel 10, Verse 7 und 9)
Ich bin der gute Hirt (Kapitel 10, Verse 11 und 14)
Ich bin die Auferstehung und das Leben (Kapitel 11, Vers 25)
Ich bin der Weg und die Wahrheit und das Leben (Kapitel 14, Vers 6)
Ich bin der wahre Weinstock, ihr seid die Reben
(Kapitel 15, Verse 1 und 5)

Wenn man sich den Aufbau dieser sieben Worte Jesu etwas intensiver anschaut, dann fallen einige Dinge auf.

Zum einen steckt in der Reihenfolge eine gewisse Dynamik, die Sinn macht, wenn man an einen Weg denkt, vielleicht sogar an einen Lebensweg.

Um aufbrechen zu können, brauche ich Nahrung, Proviant, Brot. Wenn ich Hunger habe, werde ich kaum die Kraft und den Mut haben, mich auf den Weg zu machen. Um unterwegs zu sein, brauche ich wenigstens ein bisschen Brot. Wer ohne Brot losgeht, ist vielleicht eher auf der Flucht.

Um losgehen zu können, vielleicht sogar aus einer dunklen Lebenssituation heraus, brauche ich Licht – Licht, das mir leuchtet, Licht, das mir den Weg zeigt. Wenn eine Kerze brennt, ist man ein bisschen weniger allein. Ein Licht kann das Dunkel vielleicht noch nicht ganz erhellen, aber es dämmert schon.

Und dann muss man sich entscheiden: Breche ich wirklich auf? Gehe ich durch die Tür in Richtung Leben?

Dabei ist die Tür ein spannendes Bild, das zwei Deutungen offen lässt: Ich kann von innen nach außen gehen, aus dem in-mich-verkrochen-sein hinaus in die Weite, in die Welt. Mag aber auch sein, dass ich müde bin von all dem Trubel, der Hektik der Welt und mich zurückziehen will zu mir, zu Gott, in die Stille. Dann gehe ich von außen nach innen. Entscheidend ist, ich gehe von einem Raum in einen anderen.

Und derjenige, der dabei ist, ist der gute Hirte. Er begleitet mich, er führt mich, er leitet mich. Mit ihm kann ich den Schritt über die Grenze wagen.

Er ruft mich aus meiner Erstarrung ins Leben, er macht Mut zur Auferstehung, allen Toden zum Trotz – und er lädt mich ein, lebendig zu sein. Mit dem Brot in der Tasche, das Licht vor Augen, durch die Tür gehen, von ihm behütet, dem Leben entgegen – das ist der Weg.

Und diesen Weg sollen wir in Wahrheit gehen – aufrecht, ohne falsche Motive, rein – oder wie es ein altes deutsches Wort sagt: lauter.

Ganz spannend auf diesem Weg wird dann das letzte „Ich bin" – Wort Jesu: „Ich bin der Weinstock", das einzige Wortbild, das fortgesetzt wird mit einem „Ihr seid". Wenn wir uns auf diesen Weg Jesu einlassen, dann werden wir selbst zu einem „Teil" Jesu, nämlich zu den Reben des Weinstocks. Wir verbinden und verbünden uns mit ihm, wir ziehen aus ihm unsere Kraft und können wachsen und blühen und Frucht tragen. Das ist „Nachfolge pur". Das ist der Weg hin zum Leben.

Eine zweite Auffälligkeit: Am Beginn der Reihe steht das „Brot", am Ende der „Weinstock", aus dessen Trauben immerhin Wein werden kann. Brot und Wein – die Zeichen für die Eucharistie, das „Abendmahl", in dem wir Gottes Gegenwart feiern. Aber, das letzte Wort ist eben nicht „Wein", sondern „Weinstock" – und wir sind die Reben. Am Beginn unseres Weges werden wir „versorgt", aber wenn wir auf dem Weg sind, dann sind wir selbst gefragt. In einem Gebet zur Gabenbereitung in der katholischen Eucharistiefeier wird von der „Frucht der menschlichen Arbeit" gesprochen. Wenn wir uns auf den Weg machen, wenn wir mit Jesus Christus verbunden sind, dann werden wir Frucht tragen – und dann liegt es an uns, daraus auch Wein zu machen, der den Menschen mundet und der Freude schenken kann.

Und eine dritte Beobachtung: Genau in der Mitte dieser sieben Jesus-Worte steht der „gute Hirte", die einzige Stelle, an der Jesus als Bild eine Person verwendet. Fast habe ich das Gefühl, er steht dort wie ein Leuchtturm, der alles links und rechts von ihm, vor ihm und hinter sich, im Blick hat und ausleuchtet. Da ist die Mitte, das Fundament, der Fels. Wenn der gute Hirte mittendrin steht und auf mich aufpasst, was kann und soll mir dann passieren?

Eine Wegbeschreibung in Richtung Leben … Wenn wir diesen Weg gehen und ihm folgen … Wenn wir bei ihm „rumhängen" und das auf uns abfärben lassen …

Ach so …, es ist natürlich nicht anzunehmen, dass Jesus die Worte genau in dieser Reihenfolge gesagt und sich vorgenommen hat, zuerst muss das Brot kommen und dann das und am Ende schließlich … Aber ich denke schon, dass es authentische Jesus-Worte sind, die er bei verschiedenen Anlässen gesagt hat, und sie so von seinen Jüngern überliefert und weitergesagt wurden. Aber das Evangelium als Ganzes ist in sich schon eine Art „Komposition", d.h. derjenige, der die verschiedenen Geschichten von Jesus und seine Aussagen gesammelt und aufgeschrieben hat, hat sich natürlich etwas dabei gedacht. Und er hat alles so zusammengefügt, wie es seinem Bild entsprach.

Das ist so ähnlich, wenn in Ihrer Familie Anekdoten und Geschichten über den Urgroßvater erzählt werden – und siebzig Jahre nach seinem Tod entscheidet sich der Urenkel, jetzt eine Biographie über den Uropa zu schreiben, den er selbst vielleicht höchstens als kleines Kind erlebt hat. Er wird alles sammeln, was er bekommen kann – und dann entscheiden, welche Struktur er dem Ganzen gibt, so dass es für ihn einen Sinn ergibt. Das nimmt den einzelnen Aussagen nichts an ihrer Echtheit und Wahrheit, sondern sortiert sie einfach. Und ich denke, dass deswegen auch der Umkehrschluss zulässig ist: Wenn die Worte in dieser Reihenfolge dort stehen, dann stehen sie eben nicht zufällig so da.

Ich bin das Brot des Lebens

Jesus sagte zu den Leuten: Amen, amen, ich sage euch: Nicht Mose hat
euch das Brot vom Himmel gegeben, sondern mein Vater gibt euch
das wahre Brot vom Himmel. Denn das Brot, das Gott gibt, kommt
vom Himmel herab und gibt der Welt das Leben. Da baten sie ihn:
Herr, gib uns immer dieses Brot! Jesus antwortete ihnen: Ich bin das
Brot des Lebens; wer zu mir kommt, wird nie mehr hungern, und wer
an mich glaubt, wird nie mehr Durst haben.

Johannes-Evangelium, Kapitel 6, Verse 32 – 35

Wer satt ist, braucht kein Brot

Die sieben „Ich bin"-Worte des Johannes-Evangeliums haben nicht nur eine eigene innere Struktur und Dynamik, sondern stehen jeweils auch in Beziehung zu einer ganz bestimmten Stelle, einer anderen Geschichte des Johannes-Evangeliums. Darauf weist Thomas Söding, Professor für Exegese (also Auslegung) des Neuen Testamentes auf einer Internetseite der Ruhr-Universität Bochum hin.[1] Im 6. Kapitel des Johannes-Evangeliums wird von einer wunderbaren Brotvermehrung berichtet, bei der Jesus über fünftausend Männer (und die Frauen und Kinder, die bei ihnen waren) mit fünf Broten und zwei Fischen sättigt, die ein kleiner Junge dabei hat. Natürlich beeindruckt das die Menschen, und Jesus entzieht sich ihnen, weil er erkennt, dass sie ihn mit Gewalt zum König machen wollen (Kapitel 6, Verse 1-15). Die Menge folgt ihm nach Kafarnaum und dort hält er die berühmte „Brotrede", in der er deutlich macht, dass er sich selbst zum „Brot" für die Menschen macht – und wer dieses „Brot" isst, wird in Ewigkeit leben (Verse 26-58). Thomas Söding fasst es so zusammen: „Jesus gibt nicht nur etwas, sondern sich selbst – zum Leben der Welt."[2]

Das ist das, was wir in der Eucharistie, dem Abendmahl, feiern – Jesus Christus gibt sich selbst.

Bei „Brot" denken wir oft nur an das Endprodukt, das uns möglichst rasch satt machen soll, dass preisgünstig hergestellt wird und hygienisch abgepackt im Supermarktregal steht. Wenn wir das Brot nur so sehen, dann vergessen wir manchmal, was es alles braucht, damit ein Brot werden kann. Das Getreidekorn wird gesät, fällt in die dunkle Erde, wird von Feuchtigkeit durchdrungen, löst sich auf. Aber indem es zerfällt, keimt es, wächst neues Leben heran, bricht sich zum

Licht durch, reift, um schließlich geschnitten und geerntet zu werden. Das eine Korn hat viele Körner hervorgebracht, die jetzt gedroschen und gemahlen, zerrieben werden, damit Mehl entsteht. Mit dem Mehl und bestimmten Zutaten wird ein Teig angesetzt, der dann gehen oder gären muss. Man fügt gegebenenfalls weitere Zutaten hinzu, knetet den Teig und formt ihn. Damit aus dem Teig Brot werden kann, muss es gebacken werden. Und ein Brot ist in der Regel viel zu groß und viel zu viel für einen allein, Brot bricht man und teilt es mit anderen – und isst gemeinsam.

All das ist mitzudenken, wenn Jesus von sich sagt: Ich bin das Brot des Lebens. Er ist das Weizenkorn, das in die dunkle Erde fällt, stirbt und im Sterben neues Leben gewinnt. Er ist es, der sich für uns zerreiben und mahlen und in glühender Hitze backen lässt. Und auch er ist so „groß" und so „viel", dass es für viele reicht. Er lässt sich brechen und teilt sein Leben, damit alle satt werden können.

„Brot" steht für ein Grundnahrungsmittel der Menschen und wird in vielen Völkern und Kulturen hochgeschätzt, ja es bekommt immer wieder eine „heilige" oder spirituelle Bedeutung, die sich auch in vielen Redensarten niedergeschlagen hat. Gefangene saßen früher bei „Wasser und Brot" ein, „Brot und Rosen" wurde zum Slogan der internationalen Frauenbewegungen des vorigen Jahrhunderts, der Kumpan oder heute der „Kumpel" ist der, mit dem ich das Brot teile. Ältere Menschen, die die Not des Zweiten Weltkrieges und die Zeit danach noch erlebt haben, gehen besonders sorgfältig mit Brot um – und manche machen immer noch ein Kreuz über einen Laib Brot, bevor sie ihn anschneiden. Brot gehört zu den Dingen, die man

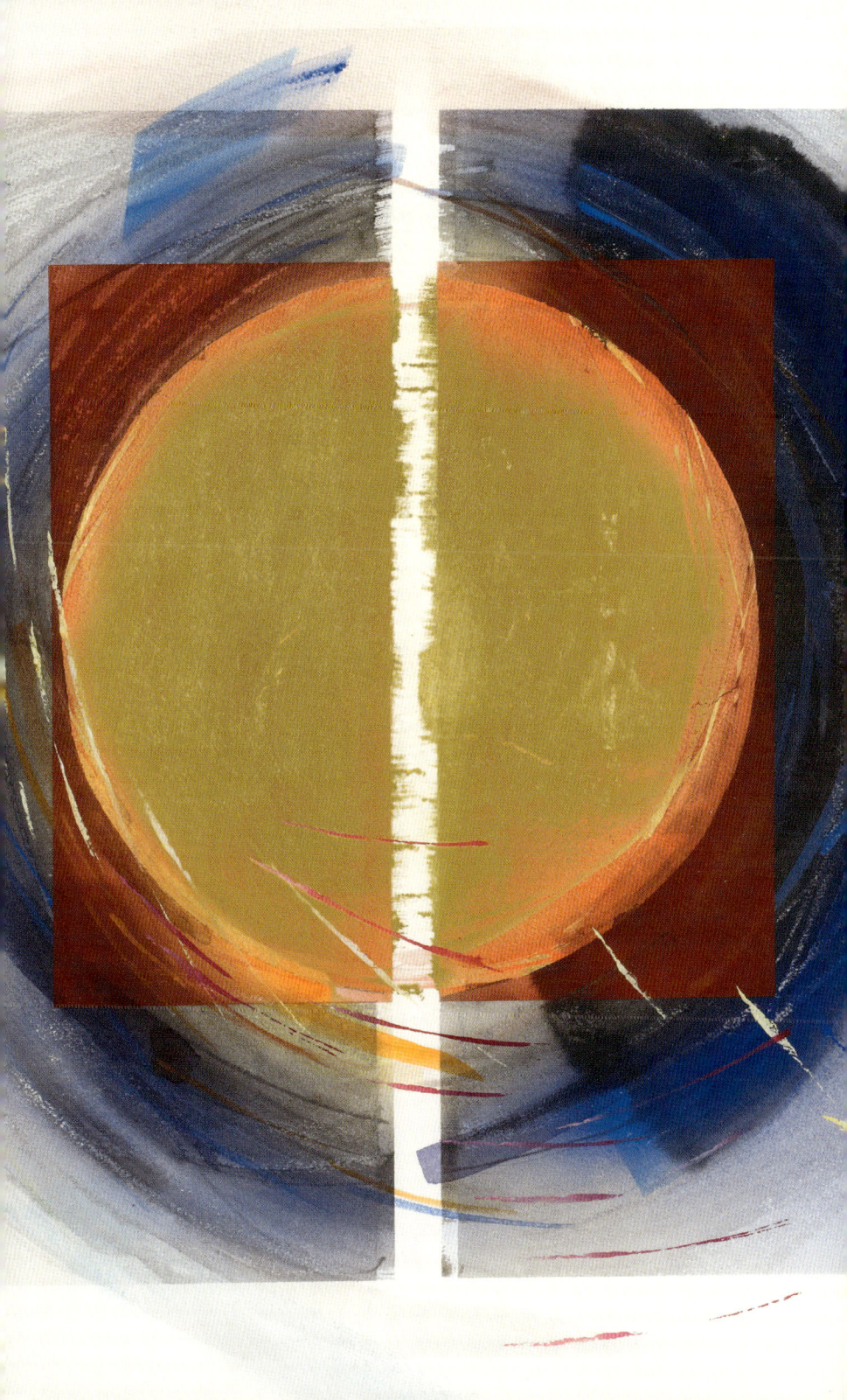

dann zu schätzen lernt, wenn man sie nicht hat – und wer im Urlaub drei Wochen lang „nur" schlabbriges Toastbrot bekommen hat, wird sich mit Heißhunger auf das richtig frische und knusprige Brot beim Bäcker zuhause freuen.

Brot braucht den Hunger.

Selig die Hungernden

In der sogenannten Feldrede im Lukas-Evangelium sagt Jesus sehr provozierend unter anderem: „Selig, die ihr jetzt hungert, denn ihr werdet satt werden." (Lukas-Evangelium, Kapitel 6, Vers 21)

Diese Aussage Jesu darf natürlich nicht dazu benutzt werden, um die skandalösen Zustände in vielen Ländern Afrikas und Asiens schönzureden, wo Menschen deshalb sterben, weil sie nichts zu essen haben – und es soll auch keine billige Vertröstung sein. Der „Hunger", den er hier anspricht, hat eine andere Dimension. Es ist eine Art „spiritueller Hunger", ein Fragen, eine Sehnsucht, ein Ahnen, dass es doch mehr geben muss als es uns manchmal in dieser Gesellschaft versprochen wird.

Wer sich mit dem Vordergründigen zufrieden gibt, wem der gemütliche Fernsehabend mit Chips und Bier reicht, um halbwegs zufrieden und glücklich zu sein, der ist nicht mehr hungrig. Der richtet sich auf seiner Couch ein – und es könnte ja schon ein Hinweis sein, dass eine Couch heute gar nicht mehr so heißt, sondern zu einer „Wohnlandschaft" geworden ist. Man richtet sich ein und schaut genüsslich zu, was andere erleben.

Solche Menschen brauchen kein „Brot" ... und sie haben eigentlich auch keinen Hunger mehr.

Aber manchmal vielleicht, irgendwo ganz tief drinnen, unter allem Möglichen verschüttet, versteckt, verborgen, ist eventuell doch noch eine Sehnsucht da, eine Hoffnung, ein Traum. Da ist eine Unruhe, die manchmal wach wird, wenn man nachts in den Sternenhimmel hinauf schaut, wenn man die Wildgänse ziehen sieht, wenn der rote Ball der Sonne im Meer versinkt. Könnte es nicht doch sein, dass es etwas Größeres gibt als mich selbst? War da nicht noch etwas? Und die Sehnsucht bleibt, ganz tief drinnen – trotz neuem Flachbildfernseher, trotz gebuchter Kreuzfahrt, trotz Gehaltserhöhung. Und dann steht man im Garten seines eigenen Hauses, das erst in fünfzehn Jahren abgezahlt sein wird und fragt sich: Was mache ich eigentlich hier?

Das ist er wieder, der Hunger: Die Fragen, die Sehnsucht, der leise Zweifel. Damit fängt es an. Man kann das alles natürlich wunderbar betäuben: Mit Arbeit, mit Alkohol, mit Fernsehen. Dem Flüchten in eine virtuelle Welt, wo man per Computer das erlebt, was einem den Kick gibt. Man kann sich auch in den gepflegten Vorgarten flüchten, sich hinter dem Satz: „Was werden die Nachbarn sagen?" verstecken. Oder in die Floskel: „Das haben wir aber noch nie so gemacht!". Es gibt viele Möglichkeiten, den Hunger zu ignorieren. Dann ist man aber auch an keinem Brot interessiert, sondern eher an norwegischem Wildlachs und den neuesten Rezeptideen für Finger-food.

Wer diesem Hunger nachspürt, den Fragen, den Zweifeln trauen will, für den gibt es eine Zusage: Wenn du es möchtest, kann, will und werde ich dir Brot sein. Ich höre deine Fragen, ich spüre deine Sehnsucht, ich nehme deine Zweifel wahr. Ich werde mich hüten, sie dir zu nehmen, denn sie sind die Kraft, die dich den nächsten Schritt gehen lassen. Es ist gut, dass du gehst, dass du aufbrichst.

Und du bist nicht alleine. Ich bin der Kanten Brot in deiner Tasche, ich bin die Feder, die an deinem Weg liegt, ich bin das Eichhörnchen, das vor dir herspringt. Ich bin die Wolke am Himmel, der starke, große Baum, das Lächeln eines Menschen, dem du begegnest.

Ich bin da.
Und ich bin dir das, was du wirklich brauchst.

Ich sage dir, es gibt keine göttliche Gnade,
die es dir ersparte, zu werden.
Du möchtest sein.
Du wirst erst in Gott zum Sein gelangen.
Er wird dich in seine Scheuer einbringen,
wenn du langsam geworden bist,
wenn du aus deinen Taten geformt wurdest,
denn der Mensch, siehst du,
bedarf einer langen Zeit für seine Geburt.

Antoine de Saint-Exupéry

Wes' Brot ich ess, des' Lied ich sing!

Ein ganz altes Sprichwort, eines der wenigen, das auch heute noch immer mal „gebraucht" wird. Klar – wer mir das Brot zum Essen gibt, dessen Lied singe ich auch!

Es gibt die unterschiedlichsten Erklärungen, woher das Sprichwort stammt, Walther von der Vogelweide und Martin Luther kursieren als Urheber im Internet – aber vielleicht ist es ganz einfach eine uralte menschliche Erfahrung, die darin einen Ausdruck gefunden hat.

Wenn man es heute irgendwo hört, klingt es oft ein wenig spöttisch und abwertend. So nach dem Motto: Haben wir es doch gewusst! Der kann doch gar nicht anders, der wird doch von dem und dem bezahlt!

Als Christen könnten wir dieses Sprichwort aber auch ganz anders hören: Wes' Brot ich ess, des' Lied ich sing! Wenn Jesus Christus sich uns selbst als Brot gibt – dann könnte dieses Sprichwort, das so oft negativ gebraucht wird, auf einmal einen ganz neuen Klang, eine neue Farbe bekommen. Dann ergibt sich die spannende Frage: Welche Lieder singe ich? Singen wir überhaupt noch? Sind es Lieder des Lebens, der Freude, der Befreiung? Oder haben wir doch eher „Moll" angestimmt – Trauer, Frustration, Resignation?

Wenn ER das Brot ist, das ich esse – dann bin ich auch eingeladen, seine Lieder zu singen – und das sind Lieder des Lebens!

Unser tägliches Brot gib uns heute!

Im Vaterunser, dem Grundgebet der Christen, das Jesus selbst seine Jünger gelehrt hat, finden wir diese Bitte um das „Brot". Das unterstreicht noch einmal die Wichtigkeit des Brotes. Und es sagt zugleich, dass es eben nicht selbstverständlich ist, dass wir Brot haben, sondern dass wir darum bitten müssen.

Interessant ist die Doppelung in dieser Bitte: Es wird um das „tägliche Brot" gebetet, und darum, dass wir es „heute" bekommen. Eigentlich ist das ja paradox – denn wenn wir um das tägliche Brot bitten, dann bedeutet es doch eigentlich, dass wir es täglich bekommen – also auch heute.

Manchen mag dabei das „Manna" einfallen, mit dem Gott das Volk der Israeliten während ihrer Wüstenwanderung gestärkt hat. Am Morgen konnten sie es um ihr Lager herum einsammeln, aber es gab die ausdrückliche Anweisung, nur das zu sammeln, was man für den jeweiligen Tag brauchte. Vorratshaltung war nicht angesagt. Und wenn einer doch aus Angst und Sorge etwas für den morgigen Tag zurücklegte, dann faulte es und verdarb. „Sie sammelten es Morgen für Morgen, jeder so viel, wie er zum Essen brauchte" (Buch Exodus, Kapitel 16, Vers 21).

Im übertragenen Sinn könnte man vielleicht sagen: Das Brot, das wir zum Leben brauchen, das brauchen wir jeden Tag neu. Es lässt sich nicht einfrieren, nicht lagern, nicht bevorraten. Denn es ist das „Brot des Lebens", der Lebendigkeit. Und das Leben will jetzt gelebt sein – nicht irgendwann einmal! Wenn ich es an die Seite lege, wenn ich mich absichern will, dann wird es schlecht. Ich kann das Leben, das heute gelebt sein will, nicht erst übermorgen leben und es solange im Schrank verstecken. Übermorgen wird es das Leben geben, das übermorgen gelebt sein will.

Vielleicht könnte man diese Bitte sehr frei so übersetzen: „Gib mir heute das an Nahrung, an Kraft, an Begegnungen, an Arbeit, was ich zum Leben brauche – und lass es mich erkennen, so dass ich es leben kann!"

Aber diese sehr freie Übersetzung würde der Bitte des Vaterunsers letztlich nicht entsprechen, denn sie geht von „ich", „mir" und „mein" aus. Das Gebet spricht aber von „wir" und „unser". Es geht eben nicht darum, dass nur ich alleine „mein Brot" bekomme, sondern auch die anderen sollen es haben. Es geht nicht an, dass ich satt werde und der Mensch neben mir hungert. Leonardo Boff, ein südamerikanischer Vertreter der Befreiungstheologie, sagt sogar: „Gott erhört nicht das Gebet, das nur um Brot für mich selbst bittet"[3]. Es braucht den Blick für den anderen. So bekommt die Bitte um das „tägliche Brot" durchaus auch eine politische Dimension.

Und noch ein letzter Hinweis: Wenn ich um Brot bitte, dann müssen meine Hände auch bereit sein, es entgegen zu nehmen. Das bedeutet, meine Hände müssen offen und leer sein. In eine geballte Faust kann Gott nichts hineinlegen und Hände, die krampfhaft etwas festhalten, können nichts empfangen. Nicht von ungefähr beten deshalb manche Menschen das Vaterunser auch mit nach vorne gestreckten und geöffneten Händen – als leibhaftiger Ausdruck dafür, dass sie bereit sind, das zu empfangen, was Gott ihnen geben will.

hungrig
nach leben

ausgehungert
bin ich
und doch übersatt

ausgehungert nach leben
echtheit liebe
freude mich spüren

übersatt
von falschheit neid
ehrgeiz status die anderen

und so
halt ich dir
meine leeren hände entgegen

meine leeren hände
voll hunger
und sehnsucht

komm
ich bin
da

Komm – ich bin da!

Zugegeben – die beiden Wörter „Komm" und „Kommunion" haben erst mal wenig miteinander zu tun, wenn man sich die Herkunft der Wörter anschaut. „Kommen", das ist ein Wort, das etwas mit Bewegung zu tun hat – „Kommunion" leitet sich vom lateinischen Wort. „communio", Gemeinschaft, ab.

In der katholischen Eucharistiefeier ist die „Kommunion", also der Empfang der Hostie, des Leibes Christi, eines der wichtigsten Elemente. Und, ganz spannend, zur Kommunion steht man auf, geht nach vorne und hält seine geöffnete Hand demjenigen entgegen, der die Kommunion austeilt – fast so, als wollte man sagen: „Komm, ich bin da!". In diese geöffnete Hand wird dann der Leib Christi hineingelegt, das Brot des Lebens. Und man steht da nicht als einzelner, sondern miteinander.

Kommunion, die ausgestreckten offenen Hände und die Bitte „Komm, ich bin da!" gehören eigentlich untrennbar zusammen! Und ER kommt – seine Zusage steht.

Die Frage ist eher, ob ich „da bin". Ob ich wirklich will, dass er kommt. Und ob meine Hände wirklich leer und frei sind für ihn …

Wenn du mit mir gehst …

Ich glaube, in irgendeinem alten Schlager hieß es mal so – „… wenn du mit mir gehst …". Wenn wir kommen, mit all unserer Sehnsucht, die Hände ausstrecken, um das Brot des Lebens zu empfangen, dann essen wir dieses Brot ja auch – und verstecken es nicht einfach in einer Jackentasche. Und dann ist Gott in mir.

Gott in mir … er geht mir unter die Haut, er verbindet und verbündet sich mit mir. Seine Kraft erfüllt mich, seine Liebe hält mich, sein Geist bewegt mich. Mit ihm überspringe ich alle Mauern, wie es im Psalm 18, Vers 30, heißt – naja, manchmal muss man über Hindernisse eher zentimeterweise hinüber krabbeln … aber egal, die Zusage gilt.

Wenn du mit mir gehst, dann trau ich mich, alle Wege zu gehen.

Das ist mein Leib   *Lukas-Evangelium, Kapitel 22, Vers 19*

Das ist dein Leib … unser Leib,
einsgeworden in dem Einen.

Dich
in der Kommunion empfangen,
heißt
die gesamte Menschheit
empfangen
und dazu alles andere.
Meine Kommunion mit dir
bedeutet Kommunion
der Menschen untereinander.

In deinem Leib gibt und empfängt sich jeder,
in deinem Leib verliert und findet sich alles.
In deinem Leib weichen Hindernisse und Schranken,
und Entfernungen schwinden,
in deinem Leib lösen sich unsere Ketten,
und der Raum dehnt sich ins Grenzenlose.

In deinem Leib erlischt alles Zeitliche,
denn im Zentrum des Seins
tauchen wir ein ins Ewige,
in deinem Leib werden wir aufgenommen
vom Herzen Gottes.

Nach Henri Boulad

Das andere Wunder

Natürlich sorge ich vor … nicht, dass man plötzlich da steht und hat nichts. Ich möchte nicht andere um etwas bitten oder fragen. Und als es heute Morgen hieß, dass Jesus da ist und alle einfach losrannten, hab ich natürlich zuerst noch das Brot eingepackt und den Fisch von gestern. Weiß man denn, was passiert? Ich jedenfalls bin für alle Fälle gerüstet. Irgendwie beruhigt mich das, ich bin gern auf der sicheren Seite.

Es hat mich überhaupt nicht gewundert, dass außer mir niemand etwas zum Essen dabei hatte. So sind die Menschen eben. Sie begeistern sich für etwas – und vergessen darüber, sich um das zu sorgen, was wirklich wichtig ist. Und dann kommen sie wieder zu mir und wollen, dass ich ihnen helfe. Aber diesmal nicht! Sie hätten sich ja auch was zum Essen mitnehmen können! Sollen sie doch sehen, wo sie was herkriegen! Ich hab meinen Beutel schon unter dem Gewand versteckt, damit nur ja keiner sieht, dass ich etwas dabei habe.

Und dann ist etwas passiert, womit ich nicht gerechnet habe.

Jesus kam auf mich zu und streckte bittend seine Hand aus. Er sagte kein Wort, er sah mich einfach nur an – und da war seine Hand. Und ich griff unter mein Gewand und gab ihm den Beutel mit den Broten und den Fischen … ich konnte gar nicht anders.

Das werde ich nie vergessen … seinen Blick und diese Hand.

Die anderen erzählten später davon, dass von diesen Broten und Fischen alle satt geworden wären.

Ich hab mich nur über mich selbst gewundert …

Ich bin – Brot

Wenn man lang genug bei einem rumhängt, der von sich sagt, dass er das Brot des Lebens ist – und wenn man dieses Brot dann auch noch isst, dann bleibt das nicht folgenlos. Dann wird man selbst zum „Brot" – für andere. Zugegeben, das geschieht nicht von heute auf morgen, sondern allmählich. Es ist wie eine Verwandlung von innen heraus. Und es ist auch nicht unbedingt ein aktives Machen und Tun, sondern eine Art zu sein. Wenn ich „Brot" bin, dann hat das etwas mit meinen Haltungen und Einstellungen zu tun. Dann sehe ich die Sorge in den Augen der alten Frau, ich spüre die Schüchternheit des kleinen Kindes, freue mich mit Sven über die Zusage des Studienplatzes. „Brot" sein heißt zunächst einmal, mit den anderen zu sein, wahrzunehmen und mit ihnen zu fühlen. Und dann, vielleicht, auch etwas zu tun oder zu handeln: Ein aufmunterndes Wort für die gestresste Verkäuferin, ein schweigender Händedruck am Grab, eine Postkarte für denjenigen, dessen Briefkasten immer leer bleibt. Die Frage „Kann ich was mitbringen?" an die junge Mutter, der immer die Zeit davonläuft. Hinschauen und wahrnehmen – das heißt, die Not der Menschen zum Beispiel in Afrika oder Asien, aber auch hier bei uns, zu sehen und sich davon berühren zu lassen. Nachzudenken und nachzufragen, warum die Armen arm sind, sich für Gerechtigkeit einzusetzen. Das kann bedeuten, Menschen zu ermutigen und sie zu stärken und sie an der eigenen Kraft teilhaben zu lassen.

Zugegeben, wenn man sich in dieser Art und Weise berühren lässt, das kann dann auch an die „Substanz" gehen …

Vom absoluten Geheimnis:
„Nicht das Vielwissen
sättigt die Seele,
sondern das Verkosten
der Dinge von innen her."

Ignatius von Loyola

Ein anderer Hunger

Wer kennt nicht die Aktionen von „Brot für die Welt"? Hier nehmen Menschen die Aussage Jesu ernst, Brot des Lebens für andere zu sein, und ziehen los, um durch verschiedenste Projekte ein wenig den Hunger dieser Welt zu stillen. Und sie sind nicht allein. Sie stehen in einer langen Tradition von Männern und Frauen, die immer neu ihr Brot und ihr Leben teilen, um den Armen und Kranken, den Waisen und Witwen, überhaupt allen, die es brauchen, das zu geben, was sie brauchen, damit sie nicht nur überleben, sondern auch in Würde leben. Es gibt großen Hunger in unserer Zeit. Aber gibt es auch das passende Brot, diesen zu stillen?

Mir stellt sich immer neu die Frage, ob wir überhaupt noch wissen, welcher Hunger uns und die Menschen unserer Zeit eigentlich plagt. Manchmal werden wir zu einem Essen mit den Worten begrüßt: „Na, hast Du Hunger mitgebracht?" Wenn wir dann ehrlich wären, müssten wir uns und unserem Gastgeber eingestehen, dass wir gar nicht wissen, was dieses Wort im Tiefsten bedeutet. Was wir mitbringen ist vielleicht Appetit, aber keinen Hunger, denn unser Tageskalender sieht ja regelmäßige Mahlzeiten vor und schließt ein wenig naschen hier und da nicht aus. Nein, Hunger kennen wir nicht, dieses Gefühl, dass der Körper erschlafft, dass sich die Gedärme zusammenkrampfen, dass der Kopf zu explodieren droht, dass Ohnmachtswellen über uns hinweggehen. Wir sind gut genährt. Manchmal ist es fast zu viel des Guten. Und dann müssen Diäten und Fitnesskuren her, setzen Essstörungen ein. Nein, wir kennen keinen Hunger, oder doch?

In unseren Breitengraden haben neue Formen des Hungers Einzug gehalten. Damit sind nicht die von Hartz IV oder Minimalrente

Betroffenen gemeint, die bisweilen nicht genug zum Leben, aber vielleicht auch nicht genug zum Sterben haben. Hier geht es um emotionalen und sozialen Hunger – Hunger nach Beziehung und Liebe, nach Erfolg und Ansehen, nach Aufregung und Nervenkitzel, nach Reichtum und Besitz. Diese Menschen haben die Fähigkeit verloren, sich selbst richtig zu ernähren, zu füllen, zu sättigen. Erzwungene Einsamkeit und selbstgewählte Isolation, verlorener Lebenssinn, abgestreifter Glaube an Gott und die Welt lässt zu guter Letzt nichts übrig außer einer tiefen inneren Leere. Nichts bleibt mehr, um die immer grösser werdenden Löcher der Seelenmitte zu füllen. So suchen sie immer neu Dinge, um sich anzufüllen, aufzufüllen, die Leere in sich irgendwie zu stopfen. Alles, was dabei zu helfen scheint, wird kritiklos angenommen und in sich aufgenommen. Das Spektrum reicht von Fastfood über Cyberkonsum bis hin zu einer fast zwanghaften Anhäufung von materiellen Besitztümern und macht auch vor dem maßlosen „Haben-Wollen" von Wissen und Macht, auch über andere Menschen, nicht halt. Nichts davon nährt wirklich. Es ist die schiere Gier, die diese Menschen in ihren Bann zieht und Pseudo-Sättigung vorgaukelt.

Manche scheinen mit diesem Zustand zufrieden zu sein. Sie verlangen nach immer mehr von all dem, was sie nicht wirklich satt macht, denn sie sind auf den Geschmack gekommen. Wieder andere sind sich ihres Hungers nicht bewusst, bestreiten mit Überzeugung, dass ihnen etwas fehlt und weisen jedes Hilfsangebot entrüstet zurück. Sie entwickeln eine Aversion, fast eine Allergie, gegen Menschen, die in ihren Augen nur Almosen verteilen wollen und sie dadurch entwürdigen. Es ist nicht einfach, Brot für diese Menschen zu sein.

Wahres Brot muss her, doch woher soll es kommen? Brot für andere zu sein, von dem zu geben, was wir haben, und zu teilen, was wir teilen können, ist eine große Herausforderung. Viele, die Brot für andere sein könnten oder etwas Nahrhaftes anzubieten haben, weigern sich zu teilen.

Zum einen gilt das für die Unsicheren. Sie leiden unter dem Gefühl, dass sie nichts anzubieten haben. Sie vertrauen ihrer Fähigkeit nicht, Fürsorge und Liebe, Freude und Lebendigkeit schenken zu können. Und so vergraben sie aus Verängstigung ihr Talent, Brot für andere sein zu können und verfehlen ihre Bestimmung, ihre Berufung. Zum anderen gilt das für die Unbarmherzigen. Charles Dickens erzählt uns in seiner Weihnachtsgeschichte von einem alten Mann, der voller Egoismus und starrer Blindheit die Not und Verzweiflung anderer nicht als sein Problem ansieht. Er hält an allem fest, verhärtet sein Herz und lebt mit der Überzeugung, dass alles ‚seins‘ ist. Etwas, für das er schwer gearbeitet hat und das er letztlich für sich selbst braucht. Menschen von einer solchen Position wegzulocken, ist mehr als schwierig.

Menschen, die nicht teilen, aus welchem Grund auch immer, vergeuden auf den ersten Blick nichts. Schaut man aber genauer hin, dann wird schnell klar, dass sie ihre Talente ungebraucht lassen, ihrer Bestimmung nicht gerecht werden, ihr wahres Sein nicht verwirklichen und in Fülle ausleben, und das vor allem nicht in einem verantwortungsvollen Sorgen für andere. Menschen in ihrem Umfeld bleiben arm, ihrem Leid verhaftet, da ihnen das Brot, das sie so nötig hätten, nicht gegeben wird. Und sie selbst? Auch die, die nicht teilen, bleiben arm. Sie darben dahin, immer am eigenen, emotionalen Hungertuch nagend.

Aber es gibt sie, die Menschen, die alles Erdenkliche für Hungernde tun möchten. Aber bisweilen fehlt ihnen das, was in der konkreten Situation wirklich gefragt ist. Da braucht einer ein offenes Ohr, ein wachsames Auge, ein weites Herz, aber sie haben nur Taten anzubieten. Oder jemand hungert nach einer Umarmung, aber sie reden und reden, sind voller guter Ratschläge. Wer isst schon Rosinenbrot zu Schinken mit Spiegelei? Unsere Hilfe muss in die Situation passen, um wahre Nahrung sein zu können. Ich muss mich fragen, wozu ich wirklich fähig bin, welchen Hunger ich wirklich stillen kann. Manche glauben, zu allem fähig zu sein und mischen sich in das Leben anderer ein, koste es, was es wolle. Das birgt Gefahren in sich, denn allzu schnell können sich Fehler einschleichen. Was wohlmeinend und hilfreich sein soll, kann verheerende Folgen haben und weitere Verwundungen und somit tiefere Leere im anderen hervorrufen. Nein, es hilft nicht, eine misshandelte Frau zu fragen, und das in aller Liebe, warum sie sich nicht gewehrt hat, oder einen einsamen Mann, warum er nicht aus seiner Haut herausgeht und versucht, Kontakte aufzubauen. Solche Fragen rufen Scham und Verhärtung hervor, isolieren unser Gegenüber noch mehr. Wenn wir unbedacht handeln, verschlimmern wir, statt zu helfen, die Hungersnot in der Seele der Verzweifelten.

Oft ist es schwierig, für andere da zu sein. Aber unsere Welt braucht dieses Brot, das gebrochen und geteilt wird, denn nur so haben alle eine Überlebenschance. „Wenn das Brot, das wir teilen, als Rose erblüht" – wenn wir teilen und austeilen, Lebensnotwendiges zu den Armen unserer Zeit bringen, dann kann neues Leben erblühen, in allen, für alle.

Sr. Ulrike Diekmann cps

Ich bin das Licht der Welt

Als Jesus ein andermal zu den Menschen redete, sagte er: Ich bin das Licht der Welt. Wer mir nachfolgt, wird nicht in der Finsternis umhergehen, sondern wird das Licht des Lebens haben.

Johannes-Evangelium, Kapitel 8, Vers 12

Weder Kuschellicht noch Arbeitslampe

Wir Menschen brauchen das Licht. Man spürt es in den dunklen Wintertagen, wenn es abends schon um halb fünf dunkel ist und morgens um halb neun noch nicht richtig hell wird, wie man sich nach dem Licht sehnt. Oder wie hilf- und orientierungslos man sich fühlt, wenn plötzlich der Strom ausfällt und man im Dunklen sitzt. Erst wenn endlich eine Kerze und Streichhölzer gefunden sind, ist man erleichtert über das kleine Licht, das den Raum zumindest notdürftig erhellt. Und der Wanderer, der sich bei einbrechender Nacht verirrt hat, freut sich über das Licht eines Hauses, das in der Dunkelheit auftaucht. Wir brauchen Licht, um zu sehen, wo wir sind und wo wir hingehen wollen, um nicht irgendwo anzustoßen oder gar zu fallen.

Es gibt Menschen, in deren Leben es dunkel ist. Sie können nichts sehen und bleiben deshalb einfach da, wo sie sind. Manche geraten sogar in Panik, wenn es stockdunkel ist. Einige wenige tasten sich mutig vor, stoßen irgendwo an, holen sich blaue Flecken.

Um mich zu orientieren, um loszugehen, brauche ich Licht. Vielleicht ist das der Grund, warum Jesus von sich sagt: „Ich bin das Licht der Welt"?

Ich glaube nicht, dass er damit das nette Kuschellicht in der Sofaecke meint oder die grelle Neonröhre über der Werkbank. Er ist das Licht, das den Weg weisen, das mir Orientierung geben will, an dem ich mich ausrichten kann. Er ist kein Licht zum „Sitzenbleiben" oder zum Arbeiten, sondern zum Aufbrechen und Losgehen.

Thomas Söding weist darauf hin, dass diese Aussage Jesu im Zusammenhang steht mit seinem großen Streitgespräch mit den Pharisäern über den wahren Glauben und die Blindheit des Unglaubens (Johannes-Evangelium, Kapitel 8, Verse 12 – 59) und mit der konkreten Erzählung der Blindenheilung (Johannes-Evangelium,

Kapitel 9). Jesus beschreibt es ausdrücklich als seinen Auftrag, den Blinden das Augenlicht zu bringen (vergleiche: Lukas-Evangelium, Kapitel 4, Verse 16-18).

Es geht darum, neu sehen zu lernen, das eigene Leben, die Welt und auch den Glauben und sich dabei an Jesus auszurichten. Viele nehmen für sich in Anspruch, „Licht des Lebens" zu sein und sind dabei doch nur Irrlichter, die auf den falschen Weg und damit ins Verderben führen. Und die grellen Farben und das zuckende Licht wollen Leben vortäuschen, wo doch nur Tod ist.

Das Licht, von dem die drei Weisen aus dem Morgenland zum Kind in der Krippe geführt wurden, war ein Stern und kein Disco-Laser-Strahler. Und um den Stern zu sehen, muss man in den Himmel schauen, muss man sich den Blick weiten lassen. Das Licht des Lebens drängt sich nicht auf.

Das gilt auch für Jesus. Man muss schon etwas genauer hinschauen, wenn man in der Flut der grellen Lichter sein Licht entdecken und finden will. Und wer immer nur vor sich hin auf den Boden oder in den Spiegel schaut, wird es nicht wahrnehmen. Auch auf dem Fernseh- und Computerbildschirm ist es schwierig zu entdecken. Manchmal, aber eher selten, mag es einen Sekundenbruchteil in mein Leben hinein aufblitzen, so dass ich geblendet die Augen schließen muss – eine plötzliche Erkenntnis, die mich überwältigt, das Wissen, dies ist der nächste Schritt. In solchen Momenten bin ich überwältigt von meinen Gefühlen. Aber auch ein solcher Blitz wird nicht zur Lampe, die immer dann brennt, wenn ich den Schalter einschalte. Er erhellt etwas einen Augenblick lang – und dann ist es vorbei. Und dann kommt es darauf an, was ich daraus mache. Ich kann mich entflammen und entzünden lassen … oder ich kann ein nettes Teelicht in einem kleinen Glasbecher anzünden, damit bloß nichts anbrennt. Ich kann einen solchen Blitz als Initialzündung nehmen und mein Leben grundlegend verändern und auf ein Ziel ausrichten – ich kann mir die Erinnerung aber auch nett in einem Goldrahmen an die Wand hängen.

Jesus sagt von sich: „Ich bin das Licht des Lebens" – und damit will er Orientierung geben und den Weg ausleuchten. Und damit ergibt sich das Ziel. Es geht in Richtung Leben. Aber – man muss sehen wollen.

Wer sich nach Licht sehnt, ist nicht lichtlos,
denn die Sehnsucht ist schon Licht.

Bettina von Arnim

Was will ich, dass mir getan wird?

Ich heiße Bartimäus. Und ich bin blind. Ich kam schon blind zur Welt, ich habe keine Vorstellung, wie es ist, sehen zu können. Meine Eltern und meine Freunde haben versucht, mir die Welt zu beschreiben … aber das ist schwierig. Was ist „gelb"? Wie sieht das aus? Sie sagen: „Der Hund guckt so treu!" – aber ich habe keine Ahnung, was sie damit meinen. Die weiche Haut im Gesicht meiner Mutter kann ich fühlen, ich kann ihre Hand betasten, ich höre die Zärtlichkeit in ihrer Stimme, sie sagt mir, dass ihre Haare grau sind – aber was ist „grau"?

Lange Zeit war ich auf Hilfe angewiesen, wenn ich irgendwohin wollte, musste mich jemand führen. Und oft habe ich mich verletzt, weil ich irgendwo angestoßen oder gestolpert bin. Mit der Zeit habe ich gelernt, mich ein wenig zu orientieren. Im Haus taste ich mich vom Stuhl zum Tisch, vom Tisch zum Bett – und um das Herdfeuer mache ich einen großen Bogen, nachdem ich mich einmal an der Glut unter der Asche verbrannt habe. Und inzwischen finde ich auch meinen Weg hin zu dem Platz, wo ich tagsüber sitze und bettele – wenn nicht jemand grad irgendwas hingestellt hat, was da nicht hingehört. Betteln ist eigentlich nicht mein Ding. Ich würde lieber richtig arbeiten. Gerne hätte ich etwas mit Tieren gemacht, oder mit Holz. Aber was will man denn mit einem Hirten, der nicht mal seine Ziegen zählen kann? Oder mit einem blinden Zimmerer?

Hören und spüren und fühlen – das kann ich besser als viele andere. Da fang ich Schwingungen auf, die kein anderer mitkriegt. Aber damit kann man bei uns eben kein Geld verdienen.

Ob ich zufrieden bin? Naja, ich hab mich eben eingerichtet. Ich kann's ja doch nicht ändern. Nur manchmal bin ich ein wenig traurig, ich würde so gerne die Farben sehen. Und ich hätte gerne eine Frau gehabt … aber so einen wie mich, den nimmt ja doch keine …

Von diesem Rabbi, ja, da hab ich gehört. Jesus heißt er wohl. Von dem erzählt man ja alle möglichen Sachen … Kranke heilen, Tote auferwecken, unwahrscheinliche Wunder, revolutionäre Reden! Begegnen möchte ich dem ja schon gerne mal, ich würde gerne seine Stimme hören – dann wüsste ich schon, was ich von ihm zu halten habe. Er soll heute hier in Jericho sein. Mal sehen, vielleicht hab ich Glück und er kommt hier vorbei?

Ja, er ist vorbeigekommen. Und ich kann sehen.

Es war seltsam. Ich hörte, dass sich eine große Gruppe von Menschen näherte, Stimmen, Lachen, lautes Gerede. Und als ich ahnte, dass es Jesus sein musste, fing ich an zu schreien: „Sohn Davids, Jesus, hab Erbarmen mit mir!" – laut schreien kann ich auch, wenn es sein muss! Was ich mir erhoffte? Keine Ahnung. Vielleicht wollte ich einfach, dass er mich bemerkt, vielleicht hätte er auch eine Münze für mich übrig gehabt.

Die Menschen um mich herum wurden ärgerlich und sagten, ich soll still sein. Vielleicht wollten sie, dass der Rabbi nicht gestört würde – oder sie wollten ihn nur für sich. Ehrlich gesagt, wenn ich richtig hingehört habe, dann glaube ich eher das Letztere. Und das hat mich dann sauer gemacht. Und ich schrie noch lauter, denn schreien kann ich wirklich gut. Aber ich glaube, das sagte ich schon.

Dann hab ich noch mitgekriegt, wie diese Menschengruppe anhielt und Jesus sagte: „Ruft ihn her!" – das ist mir ganz und gar durchgegangen! Er sagte nicht: „Führt ihn her!" oder „Bringt ihn zu mir!", sondern er sagte: „Ruft ihn her!". Er hat mir zugetraut, dass ich zu ihm kommen kann, obwohl ich blind bin, und hat mich nicht klein und unmündig gemacht!

Eben wollten sie mich noch aus dem Weg haben, jetzt bemühen sich alle um mich. „Steh auf!", sagen sie, „er ruft dich!" – als ob ich das nicht selbst gehört hätte! Ich mag ja blind sein, aber nicht taub!

Und dann sagen sie noch: „Hab nur Mut!" So ein Quatsch! Mut hab ich gebraucht, als ich geschrien habe – aber ich hatte ja nichts zu verlieren.

Egal, was die anderen denken oder sagen. Ich warf meinen Mantel weg, er hätte mich beim Laufen nur gehindert. Jetzt musste ich mich nicht länger in ihm verstecken, sprang auf und lief auf Jesus zu. Ungefähr ahnte ich, wo er stand. Und ich vertraute einfach, dass mir niemand im Weg stehen würde.

Und er sah mich an – nein, sehen konnte ich das natürlich nicht, aber ich hab es gespürt! Dann fragte er mich: „Was soll ich dir tun?" Mit welch einer Stimme, mit welch einer Liebe, sagte er das! Ich wusste sofort, er würde nichts gegen meinen Willen tun.

Ja, aber – was wollte ich eigentlich? Was sollte er mir tun? Tausend Gedanken schossen mir gleichzeitig durch den Kopf! Sehen können? Aber wie würde das sein? Da würden ja dann Tausende von Bildern über mich hereinstürzen, neue Eindrücke, neue Herausforderungen! Würde ich damit fertig werden, all das zu verarbeiten? Und … wenn ich sehen kann, wie verdien ich dann mein Geld? Dann kann ich nicht mehr betteln gehen, sondern muss arbeiten. Aber ich hab doch nichts gelernt. Wäre es nicht doch besser, blind zu bleiben? Alles so zu lassen, wie es ist? Das kenn ich, daran bin ich gewöhnt …

Jesus ließ mir Zeit für meine Antwort. Er drängte mich nicht. Und er handelte auch nicht einfach, sagte nicht: „Ich weiß ja, was für dich gut ist!". Er ließ mich. Und ich kämpfte.

Sehend zu werden, das würde Konsequenzen haben. Das würde mein Leben radikal ändern. Blind zu bleiben wäre einfacher, bequemer. Dann bliebe alles so, wie es ist.

Aber da war etwas in seiner Stimme, das mir Mut machte. Es war so, als ob er sagte: „Ich trau es dir zu, dass du es kannst. Und ich bin bei dir."

Da warf ich meinen Mantel sozusagen ein zweites Mal weg. Ja, ich will leben! Ja, ich bin bereit, den neuen Weg zu gehen! Ja, ich verstecke mich nicht mehr! Ja, ich will sehen können!

Jesus sagte nur: „Geh! Dein Glaube hat dir geholfen!" – und in diesem Moment wich das Dunkel vor meinen Augen einem Dämmern, ich sah erste Konturen, das Schwarz löste sich langsam auf, wurde ein grauer Schleier. Und dann sah ich plötzlich Dinge, die ich noch nie gesehen hatte … ich sah zum Himmel hoch – das musste „blau" sein! Und welch ein schönes Blau! Und ich sah auf das Feld neben der Straße, ich wusste da blühten Sonnenblumen. Dann musste das „grün" sein – und das Leuchtende an der Spitze „gelb"! Und ich verliebte mich sofort in dieses „gelb"! Es war noch viel schöner, als man es mir beschrieben hatte. Und dann musste ich erstmal die Augen schließen, weil es viel zu viel war, was in diesem Moment auf mich einströmte.

Ich spürte noch den Blick von Jesus auf mir, bevor er schließlich weiterzog. Und es war fast so, als ob er mir seine Hand auf den Rücken legte und sagen wollte: „Du packst das schon!"

Ich stand einige Zeit da, mit geschlossenen Augen. Und ich stellte mir vor, was ich alles sehen würde, wenn ich die Augen wieder aufmachen würde.

Ich freute mich darauf.
Jetzt werde ich mal sehen, was ich aus meinem neuen Leben mache.

Ich glaube, es wird bunt werden.
Und ich werde diesem Jesus hinterhergehen.

Nach dem Markus-Evangelium, Kapitel 10, Verse 46–52

Licht meines Lebens

Im Anfang war das Wort
und das Wort war bei Gott
und das Wort war Gott

Gott ist Wort
Gott spricht
Gott spricht zu mir

Alles ist durch das Wort geworden
und ohne das Wort wurde nichts
was geworden ist

Er sagte: Es werde – und es wurde
und er sah dass es gut war
und er sagte: Komm

In ihm war das Leben
und das Leben war
das Licht der Menschen

Gott ist Leben
ist das Licht
mein Leben mein Licht

Und das Licht leuchtet
in der Finsternis
und die Finsternis hat es nicht erfasst

die Finsternis würde gerne
das Licht ergreifen
würde gerne das Leben beherrschen

Das wahre Licht
das jeden Menschen erleuchtet
kam in die Welt

das Licht kommt in die Welt
das Licht kommt zu mir
das Licht erleuchtet mich

Und das Wort
ist Fleisch geworden
und hat unter uns gewohnt

Gott wird leibhaftig
Wort Licht Leben
in mir

Und wir haben seine Herrlichkeit gesehen
die Herrlichkeit des einzigen Sohnes vom Vater
voll Gnade und Wahrheit

Gott gibt sich
Gott gibt sich mir
und ich habe
seine Herrlichkeit gesehen

Die kursiv gesetzten Zeilen sind dem Prolog des Johannes-Evangeliums entnommen (Kapitel 1, Verse 1, 3 – 5, 9, 14).

Das Licht der Osternacht

Die Feier der Osternacht in der katholischen Kirche drückt in Zeichen und Symbolen aus, wie Christus, das Licht, die Dunkelheit erhellt. Am Feuer, draußen vor der Kirchentür, wird die Osterkerze angezündet. Diese große Kerze steht für Christus – und das Anzünden der Kerze für die Auferstehung. Aus dem Tod des Karfreitags entspringt ein Funke und wird zur Flamme des neuen Lebens. Durch den Tod gehen wir zum Leben! Der Priester trägt dann die brennende Osterkerze mit dem dreimaligen Ruf „Christus, das Licht!" in die dunkle Kirche hinein. Von der Osterkerze ausgehend wird das Licht an die Kerzen der Gläubigen weitergegeben – und ganz allmählich breitet sich ein mildes, sanftes Licht in der Kirche aus.

Grundsätzlich: Es gibt die Finsternis, die Dunkelheit – und sie ist mächtig. Und wir sollten uns nicht täuschen lassen. Die Tatsache, dass wir auf einen Schalter drücken und ein Raum wird fast taghell erleuchtet, lässt uns diese Finsternis manchmal vergessen. Genau deshalb beginnt die Feier der Osternacht im Dunklen – um uns daran zu erinnern!

Denn ein Licht kann man eigentlich erst richtig in der Dunkelheit sehen. Eine kleine Kerze in einem Raum, in dem zwei oder drei Lampen brennen, wirkt nicht. Dieselbe Kerze, in einem dunklen Raum entzündet, gibt den Augen einen Punkt zur Orientierung und macht das Dunkel ein wenig heller.

Mitten in dieses Dunkel hinein entzündet sich der Funke Leben, ein kleines Licht, das gegen die Finsternis anleuchtet.

Wirklich erhellen können wir die Finsternis aber nur, wenn wir bereit sind, das Licht zu empfangen und weiterzugeben. Eine Osterkerze alleine im Altarraum würde wenig nützen. Die Auferstehung Jesu bleibt folgenlos, wenn wir nicht seinem Beispiel folgen und zum

Leben auferstehen. Das Licht des Lebens braucht uns, um den Kampf gegen das Dunkel aufzunehmen. Nur, wenn wir bereit sind, uns erleuchten zu lassen und selbst zum Licht zu werden, werden wir die Finsternis in Schach halten können. Christus braucht uns, er hat keine Hände außer unseren Händen und keine Füße außer unseren Füßen, um die Botschaft des Lebens weiterzutragen und weiterzugeben, wie es in einem alten Text heißt.

In der Liturgie der Osternacht gibt es viele, zum Teil sehr alte Lesungen. Allein sieben Texte aus dem Alten Testament beschreiben die Geschichte Gottes mit seinem Volk:

- Gott erschafft die Welt (Gen 1,1 – 2,2)
- Gott will keine Menschenopfer (Gen 22,1–18)
- Wie Gott sein Volk aus der Gefangenschaft in Ägypten befreite (Ex 14,15 – 15,1)
- Wie Gott seinen neuen Bund mit seinem Volk schließt (Jes 54,5–14)
- Wie Gott sein Volk zu sich und dem wahren Leben einlädt (Jes 55,1–11)
- Wie groß Gott in seinem Schöpfer-Sein ist (Bar 3,9–15.32 – 4,4)
- Wie aus dem Tod neues Leben entstehen kann (Ez 36,14 – 17a.18–28)

Schade ist es, dass oft nur eine Auswahl dieser Texte gelesen wird – denn sie gehören eigentlich zu diesem Licht, das da in der Finsternis aufleuchtet, dazu. Aus der Erinnerung heraus, wie Gott sich den Menschen gezeigt hat, kann das Vertrauen wachsen, dass auch die Botschaft der Auferstehung wahr ist.

Gott ist ein Gott, der das Leben will. Er ist das Licht, das mitten in der Finsternis aufleuchtet. Er ist der, der uns zum Leben ruft!

Jesus,
Licht des Lebens,
Licht der Welt,
durchflute unsere Herzen
mit deinem Geist und Leben.

Leuchte durch uns hindurch
und wohne so in uns,
dass jeder, dem wir begegnen,
deine Gegenwart in unserem Leben
erspürt.

Bleibe bei uns,
dann werden wir zu leuchten beginnen,
wie du leuchtest;
das Licht wird ganz aus dir stammen.

Lass uns dich so preisen,
wie es dir am liebsten ist,
indem wir für die Menschen um uns
ein Licht sind.

J. H. Newman

Schüler: „Was ist der Unterschied zwischen Wissen und Erleuchtung?"
Meister: „Wenn du Wissen besitzt, nimmst du ein Licht, um den Weg zu
erkennen. Wenn du erleuchtet bist, wirst du selbst zum Licht."

Anthony de Mello

Herr, Gott und Licht meines Lebens,
lass nicht zu,
dass meine Dunkelheit zu mir spricht.

dem Hl. Augustinus zugeschrieben,
Bischof und Kirchenlehrer 354 – 430

Meine Dunkelheit spricht

Ja, es gibt diese Dunkelheit in mir und wahrscheinlich in allen Menschen. Diese Dunkelheit darf aber nicht verwechselt werden mit „den Dunkelheiten" unseres Lebens. Das sind die dunklen Stunden, die durchaus zu unserem Leben dazugehören: Die Trauer, wenn ein geliebter Mensch stirbt, die Angst vor der Diagnose des Arztes, die Ohnmacht, wenn jemand leidet. Diese Dunkelheiten sollen und dürfen durchaus zu uns sprechen, ja, es ist sogar bitter notwendig, dass wir auf ihre Stimme hören und mit ihnen in ein „Gespräch" kommen. Sie einfach zu verstecken und hinter ihnen die Tür zuzumachen, führt zu den sprichwörtlichen „Leichen im Keller", die eines Tages das „ganze Haus verpesten" und den Menschen krank machen können. Diese Dunkelheiten lassen sich nur dann „zähmen", wenn ich akzeptiere, dass sie da sind, ihnen die Zeit gebe, die sie brauchen, aber dann auch mit und an ihnen arbeite.

Die Dunkelheit, von der Augustinus hier spricht, die Finsternis, auf die sich Jesus in seinen Aussagen oft bezieht, ist eine andere. Das ist die Finsternis des „Bösen", des Verblendet-Seins. Eine Dunkelheit, die das Böse will und tut, oder, um es mit einem alten christlichen Wort zu sagen, die Sünde.

Sünde – da fallen vielen Menschen natürlich Beichte und schlechtes Gewissen und seltsame Geschichten ein, die die Oma noch erzählt hat – alles Dinge, die ungefähr der emotionalen Erlebnisqualität eines Termins beim Zahnarzt entsprechen. Deshalb kommt das Wort „Sünde" in unserer Umgangssprache auch nicht mehr so oft vor. Dies liegt aber nicht daran, dass es die „Sünde" nicht mehr gäbe und wir schon den Himmel auf Erden hätten, sondern eher daran, dass viele Menschen es regelrecht verpasst haben, sich als Erwachsene noch einmal damit entsprechend auseinanderzusetzen.

Sünde könnte man einfach so definieren: Dem Leben nicht die Möglichkeit gegeben haben, sich zu entwickeln, anderen die Möglichkeit zum Leben, zum Sein, genommen zu haben. Und das führt in ganz andere Dimensionen, als „ich habe von dem genascht, was ich nicht sollte" oder „unandächtig gebetet". Sünde ist es, wenn ich einem Menschen das Leben nehme – und das meint zwar auch Mord und Totschlag, hat aber auch eine soziale und gesellschaftliche Dimension. Sünde ist es, wenn Menschen die Grundlage zum Leben genommen wird, wenn z.b. die Regenwälder Südamerikas abgeholzt werden und stattdessen große Rinderweiden entstehen, wo dann Fleisch für Europas und Nordamerikas Konsumenten produziert wird. Sünde ist es, wenn Menschen keinen Zugang mehr zu sauberem Trinkwasser haben und Wasserrechte privatisiert werden. Es ist Sünde, wenn Menschen zu Billigstlöhnen arbeiten müssen, die zum Leben und Sterben nicht reichen – oder sogar Kinder hart arbeiten müssen, um mit zum Unterhalt einer Familie beizutragen.

Sündig werden kann man immer dann, wenn man andere Menschen „benutzt", um selbst einen Vorteil zu haben oder eigene Bedürfnisse zu befriedigen. Das ist der sexuelle Missbrauch von Kindern, das kann aber auch schon die vorenthaltene Bestätigung oder die permanente Abwertung eines anderen sein – jemanden „klein machen" und „klein halten", damit ich es leichter habe. Einen anderen „austricksen", anschwärzen, damit ich selbst besser dastehe.

Sünde hat aber auch einen Gemeinschaftsaspekt, wenn ich der Gruppe, in der ich lebe, etwas vorenthalte oder wegnehme – sei es der eigenen Familie, der Dorfgemeinschaft oder auch dem Staat. Denn auch der Staat will das Zusammenleben von Menschen organisieren und regeln.

Etwas vorenthalten – ich stelle mich mit meinen Fähigkeiten und Talenten nicht zur Verfügung, ich helfe nicht, wo ich es könnte. Ich nehme anderen etwas weg, ich stehle – und wenn man den Gedanken konsequent durchdenkt, dann ist es eigentlich auch Sünde, wenn man den 10-€-Schein, den man an der Kasse zu viel herausbekommen hat, einfach in den Geldbeutel steckt.

Sündig kann ich dann auch mir selbst gegenüber werden, wenn ich meine Lebensmöglichkeiten nicht nutze, wenn ich mich von anderen abwerten lasse, wenn ich mir selbst nichts wert bin, wenn ich mit mir selbst nicht gut umgehe.

Das ist die Dunkelheit und die Finsternis, in der wir manchmal umhertappen und die leise und verführerisch zu uns spricht: „Mach's doch – das merkt doch keiner! Das machen doch alle so." – „Selbst dran schuld, wenn sie nicht besser aufpassen!" – „Ich bin ja doch zu nichts nutze."

Das ist das Böse, das gegen das Leben gerichtet ist.

In diese Dunkelheit hinein strahlt das Licht des Lebens, das Helle, das Gute, all das, was das Leben und die Lebendigkeit will – Jesus Christus. Solange wir Menschen hier auf der Erde leben, wird es sowohl diese Finsternis und das Böse geben – aber auch das Helle und das Gute. Und in vielen Kulturen und Völkern werden alte Geschichten überliefert, in denen von diesem Kampf von Hell und Dunkel berichtet wird. In einer indianischen Geschichte heißt es zum Beispiel sinngemäß: Ein alter Indianer sagt zu seinem Enkel: „In jedem Menschen wohnt ein guter und ein böser Geist." – Der Enkel fragt zurück: „Und welcher Geist wird siegen?" – „Derjenige, den du fütterst."

An diesem Licht des Lebens können wir uns orientieren, das gibt die Richtung vor, damit wir uns in der Dunkelheit unseres Lebens nicht verlieren.

Da warf Judas die Silberstücke in den Tempel,
dann ging er weg und erhängte sich.

Matthäus-Evangelium, Kapitel 27, Vers 5

Gott holt heim

Die Beichte hat für viele einen emotionalen Erlebniswert, der mit einem Termin beim Zahnarzt vergleichbar ist – das stimmt. Wenn es richtig weh tut, dann ist man froh, dass es Zahnärzte gibt. Und wenn es in der Seele schmerzt, dann mag auch der Gedanke an Beichte wieder ganz sympathisch werden.

Beichte ist das Sakrament des Neuanfangs. Und deshalb ist die Beichte, so wie alle anderen Sakramente, ein Geschenk Gottes an uns. Er verurteilt und verdammt uns nicht, sondern er geht denjenigen nach, die sich in der Finsternis verloren haben und holt sie heim. Er selbst ist das Licht, das in ihre Dunkelheit hineinleuchtet.

Sehr eindrücklich ist dies auf dem Kapitell einer Säule in der Kirche Sainte-Marie-Madeleine in Vézelay/Burgund dargestellt. Auf der einen Seite sieht man Judas, erhängt in einem Baum. Er hat Jesus an die Staatsmacht verraten und bekommt dafür dreißig Silberstücke. Sein Verrat führt dazu, dass Jesus verhaftet und zum Tode verurteilt wird. In diesem Moment erkennt Judas, was er getan hat. Er bringt das Geld zurück und will die ganze Sache rückgängig machen. Die Hohenpriester und die Ältesten aber sagen: Was geht uns das an? Das ist deine Sache. Da geht Judas fort und erhängt sich.

Auf der anderen Seite des Kapitells sieht man Jesus. Er hat den Leichnam von Judas abgenommen und trägt ihn auf seinen Schultern wie ein Hirte ein Lamm. Ich glaube, er bringt ihn in das Reich Gottes, dorthin, wo Leben in Ewigkeit sein wird. Er holt ihn heim.

Judas hat sich selbst verloren, er hat auf die Stimme der Finsternis gehört. Gott kann in solch einem Moment nicht eingreifen, denn dann würde er den Menschen und seine Freiheit missachten. Aber er ist da und geht mit. Und wenn einer bereut und umkehrt, dann ist seine Barmherzigkeit größer als sein Zorn.

In der Beichte können wir „neu anfangen" – aus der Barmherzigkeit Gottes heraus.

ich hab es
doch nur
gut gemeint

ich dachte
ich wollte
ich war mir sicher

aber das
hab ich nicht
gewollt

ich war überzeugt
er würde es ihnen zeigen
konnte ich wissen

ich hab versucht
es wieder
gut zu machen

aber sie sagten
es ist deine Sache
was geht uns das an

ich hab alles falsch gemacht
ich wollte das nicht
ich hab es doch nur gut gemeint

ich wollte ihm helfen
ihn herausfordern
ich war mir so sicher

ich bin gescheitert
am ende
so kann ich nicht mehr leben

ich hab
alles
falsch gemacht

alle verachten mich
für sie bin ich
ein verräter

aber ich hab es doch nicht
für geld getan
ich hab es für ihn für uns getan

ich hab alles falsch gemacht
und hab es doch nur gut gemeint
mir bleibt nur der strick der baum

das ende
die flucht
der tod

doch er geht mir nach
er lässt mich nicht los
er sieht mir ins herz

er weiß
er sieht
er erkennt

er liebt
und er
bringt mich heim

Mitten in der Finsternis glimmt manchmal ein Licht auf. In alle Unmenschlichkeit hinein erweisen sich Menschen als Menschen. Da gibt es eine berührende Geschichte von den französischen und deutschen Soldaten, die mitten im Ersten Weltkrieg ihre Stellungen verließen und zusammen Weihnachten feierten. Oder die Geschichte von Maximilian Kolbe, der sich in Auschwitz anstelle eines polnischen Familienvaters in den Hungerbunker einsperren ließ und sein Leben für den anderen gab. Da schafft es Nelson Mandela in Südafrika, obwohl er selbst 27 Jahre in Haft war, nach der Zeit der Apartheid einen Weg der Versöhnung hin zur Regenbogen-Nation zu gehen.

Auch im Emsland, wo ich lebe, gab es im Dritten Reich zahlreiche Straf- und Arbeitslager, in denen politische Widerstandskämpfer und ausländische Soldaten inhaftiert waren. Ihre vorrangige Aufgabe war es, unter schlimmsten Bedingungen die großen Moorgebiete zu kultivieren. In einem der frühesten Lager, in Börgermoor, entstand das Lied „Wir sind die Moorsoldaten". In der letzten Strophe des Liedes heißt es: „Ewig kann's nicht Winter sein", der Versuch, einer Hoffnung Ausdruck zu geben.

Das ehemalige KZ Esterwegen ist heute zu einer Gedenkstätte mit einem Dokumentationszentrum umgebaut worden. Und dort gibt es auch einen kleinen Konvent von drei Ordensschwestern, Mauritzer Franziskanerinnen, die sich aus spiritueller Sicht der Aufarbeitung dieser Vergangenheit widmen und Menschen erinnern wollen. Denn: „Das Geheimnis der Erlösung heißt Erinnerung", so sagt es eine jüdische Redensart.

Die Menschen, die sich für dieses Dokumentationszentrum eingesetzt haben, und die Schwestern, die sich dafür entschieden haben, dort zu leben und selbst Zeichen der Hoffnung zu sein, sind ein Licht inmitten der Finsternis. Und sie leben das, was Gott zum Propheten Jesaja schon vor Jahrtausenden sagte: Ich mache dich zum Licht für die Völker, damit mein Heil bis an das Ende der Erde reicht. Ich habe dich geschaffen und dazu bestimmt, der Bund zu sein für das Volk, aufzuhelfen dem Land und das verödete Erbe neu zu verteilen, den Gefangenen zu sagen: Kommt heraus!, und denen, die in der Finsternis sind: Kommt ans Licht! (Buch Jesaja, Kapitel 49, Verse 6, 8 und 9).

Das ist der Auftrag: Selbst ans Licht zu kommen und für andere Licht zu sein.

Für die Mauritzer Franziskanerinnen in Esterwegen

komm ans licht

eingeklemmt
zwischen schreien
blut und dem warum

eingeklemmt
zwischen erniedrigung
todesangst und gewalt

eingeklemmt
zwischen zerbrochenheit
verzweiflung und tod

und
doch

mitten im tod
eingeklemmt
zwischen stein und lauf

fetzen von menschlichkeit
reste von sehnsucht
spuren von hoffnung

trotzt sich
das leben
dem leben entgegen

und
blüht

ewig wird's
nicht
winter sein

Ich möchte Leuchtturm sein
in Nacht und Wind –
für Dorsch und Stint –
für jedes Boot –
und bin doch selbst
ein Schiff in Not!

Wolfgang Borchert

Ich bin – Licht

Ich mag Leuchttürme. Für mich haben sie etwas Beruhigendes an sich. Fest stehen sie auf einer Insel, einem Felsen an Land – und sobald es dunkel wird, gleitet ihr Lichtstrahl über das Meer, um Schiffen den Weg zu weisen, damit sie nicht irgendwo stranden. Jeder Leuchtturm blinkt dabei in seinem eigenen Rhythmus, damit man an der Art und Weise seines Leuchtfeuers auch nachts erkennen kann, um welchen Leuchtturm es sich dreht. Und mancher Seemann mag in einer Sturmnacht mit Bangen und Hoffnung den Horizont abgesucht haben, ob er das Licht findet, an dem er sich orientieren kann, das Licht, das den Weg weist.

Manchmal wäre ich gerne so ein Leuchtturm. Ich finde es ein schönes Bild, fest an einem Ort zu stehen und von dort aus andere dabei zu unterstützen, ihren Weg zu finden.

Ein Leuchtturm ist kein Hafen. Es geht nicht darum, dass andere bei mir anlegen, ankern und bleiben. Ein Leuchtturm ist kein Ziel, sondern ein Zeichen am Weg. Ich kann jemanden kommen und wieder gehen lassen. Ich brauche nicht festzuhalten. Ich bleibe an meinem Ort, damit andere weiterziehen können, weiter auf ihrem Weg.

Mit meinem Licht möchte ich ihnen den Weg, zumindest auf einer kleinen Etappe, erhellen.

Um Licht sein und geben zu können, muss Licht in mir sein. Wenn in mir nichts leuchtet, wie will ich dann etwas ausstrahlen? Dann bin ich selbst ein Boot, das Orientierung braucht, um nicht irgendwo zu stranden.

Ich muss sozusagen das Licht Jesu in mich aufnehmen und in mir zum Brennen und Leuchten bringen. Und erst, wenn dieses Licht in mir brennt, werde ich kein Boot mehr sein, das umher irrt und irgendwelchen Lichtern folgt, sondern jemand, der seinen Platz und Ort gefunden hat. Nur dann werde ich jemand sein, der selbst zur Ruhe gekommen ist, der in sich und in Gott ruht.

Ja, es kann klein anfangen. Ein Funke, der etwas in mir zum Glühen bringt. Eine plötzliche Erkenntnis, die etwas in mir etwas klärt. Eine Erfahrung, die mich sicher macht. Vielleicht ist es nur ein kleiner Stein in einem großen Mosaik – aber es bedeutet etwas.

Mag sein, dass es gelegentlich auch ein Feuer der Begeisterung ist. Aber solche Feuer lodern oft schnell und hoch auf, nur um dann wieder zu verlöschen.

Ein anderes Mal scheint nur schwarz-graue Asche zurückzubleiben – und doch ist darunter eine Glut, die neu angefacht werden kann.

Das Feuer, das Licht in einem selbst muss man hüten. Man muss darauf aufpassen.

Leuchttürme hatten früher „Leuchtfeuerwärter", so die offizielle Berufsbezeichnung. Diesen Beruf gibt es heute nicht mehr – auch Leuchttürme arbeiten inzwischen vollautomatisiert. Aber die Idee stimmt noch: Ich muss auf das Licht, auf das Feuer in mir aufpassen.

Ich muss in Verbindung bleiben mit dem Licht, das mir den Weg weist. Ich muss mich von diesem Licht erfüllen lassen.

Nur dann werde ich anderen Licht sein können.

Im Licht des Glaubens bin ich stark,
standhaft und beharrlich,
im Licht des Glaubens hoffe ich:
Das läßt mich nicht schwach werden
auf dem Weg, und ohne dieses Licht
ginge ich in der Finsternis.

Katharina von Siena

Wenn man dem falschen Licht folgt ...

Licht ist für das Überleben unserer Welt notwendig, ja sogar unabding-
bar. Ohne Licht würde uns nicht nur Dunkelheit umgeben, sondern die
Erde wäre dem Tod geweiht. Alles würde langsam aber sicher abster-
ben, wenn der Zelle als Grundbaustein allen Lebens nicht die Kraft des
Lichtes zuteil wird. Licht und Leben gehören unwiderruflich zusammen.
Doch es verlangt einen guten Umgang mit diesem Geschenk Gottes.

„Ich bin das Licht der Welt" – diese Botschaft Jesu hat viele Nach-
ahmer in unserer Zeit gefunden: Menschen, die sich und ihr Leben als
wegweisend betrachten. So manche Stars aus Film und Musik, aber
auch Protagonisten aus Sport, Politik und Wirtschaft sehen sich als
leuchtendes Vorbild für viele und lassen sich als solches vermarkten.
Sie wollen gesehen werden, im Rampenlicht stehen und in dieser Helle
‚erleuchtet' wirken. Und es gelingt ihnen. Ihr narzisstisches Auftreten
kann manche Menschen verblenden. Sie rennen den neuzeitlichen
Gurus nach, hängen an ihren Lippen und lassen sich von diesen Stim-
mungsmachern und ihrem Lebensstil blenden, der eigentlich nur sie
selbst verherrlicht. Am Ende sind sie nur Irrlichter. Sie bieten den Menschen keine hilfreichen Strategien für ein gutes Leben oder wegwei-
sende Weisheiten an. Manche von ihnen wecken mit ihrer Lebensart
und den Aussagen, die sie machen, nur das unersättliche Verlangen
nach Lustvollem, nach sofortiger Befriedigung, nach materiellem und
damit sozialem Aufstieg. Ihre Botschaften vermögen es, die Suchenden emotional mitzureißen, zeigen aber nie das wirklich Wahre und
Wertvolle. Ihr Weg führt letztlich in die Irre, in die Täler menschlicher
Verzweiflung und kalter Isolation.

Derartiges Verhalten kann verheerende Folgen haben und zwar für alle Beteiligten. Immer nur leuchten zu wollen, sogar zu müssen, und das mit hoher Intensität, überfordert letztlich die Kraft eines jeden Menschen. Die inneren Reservoirs beginnen sich irgendwann zu leeren. Die stete Verpflichtung, sich immer wieder selbst neu zu erfinden, immer etwas Neues finden zu müssen, um andere zu faszinieren, übersteigt jegliche menschliche Fähigkeit. Da darf keine Schwäche sein. Innere Nöte und Sehnsüchte werden verneint. All das wäre ein Makel auf der weißen Weste des modernen „Lichtgottes". Nicht selten rutscht ein solcher Mensch in Abhängigkeiten, weil diese eine schnelle Lösung zu versprechen scheinen. Endlose Energie, fast manische Schaffenskraft zeichnet manche aus – doch letztlich nur für einen kurzen Augenblick. Diese kurzlebige Vitalität ist nur Vorbote jenes Schattenlebens, das auf sie wartet. Letztlich werden sie zum Schatten ihrer selbst, gezeichnet von den Fehlentscheidungen ihres Lebens, die ihnen für einen kurzen Moment Ruhm, Glanz, Applaus und Bewunderung boten.

Aber auch jene, die solchen Lichtfiguren anhängen, folgen und nachgeben, setzen sich Gefahren aus. Der grelle Schein der bewunderten Glamour-Ikone blendet, macht alles im Blickfeld unklar und kann letztlich dazu führen, dass die eigene Wahrnehmung leidet und der Blick für andere und das Wesentliche im Leben verloren geht. Wie das geschieht? Irgendwann kann es zu dieser inneren Entscheidung kommen. Da wird die eigentliche Welt ausgeblendet und verschwindet. Von nun an zählt nur die Weltanschauung des Vorbildes. Fast freiwillig machen sich solche Menschen zu hilflosen Figuren auf dem Schachbrett der angeblichen Lebensexperten und ergeben sich dem nächsten Zug und so ihrem Schicksal, geben sich selbst auf und verlieren ihre Eigenständigkeit. Sie handeln nicht mehr aus ihrer eigenen Mitte, sondern aus einer fremden, aber verehrten Mitte heraus. Und dabei tragen sie doch das Licht in sich, sind sie zur Erleuchtung fähig und könnten eigene Wege gehen.

Vielleicht müssen wir uns immer neu vor Augen halten, dass wir nicht in einem solchen Sinne selbst Licht, sondern von einem Licht erfasst worden sind. Einem Licht, das uns nicht blenden, sondern ausfüllen möchte, das uns immer wieder neu verwandeln und uns so eine Kraftquelle für das Leben sein will. Dieses Licht ist uns geschenkt, damit wir es reflektieren und weitergeben – vielleicht durch das Strahlen unserer Augen, vielleicht in der Freude unserer Gesten, vielleicht in der Wärme einer Umarmung. Dabei bleibt immer die maßgebende Frage, was mich motiviert, mich diesem Lichtstrahl auszusetzen, aber ihn auch durch mich hindurch strahlen zu lassen. Letztlich kann es nur um Leben gehen. Licht und Leben gehören zusammen und garantieren uns Leben in Fülle.

Sr. Ulrike Diekmann cps

Ich bin die Tür

Jesus sagte zu ihnen: Amen, amen, ich sage euch: Ich bin die Tür zu den Schafen. Alle, die vor mir kamen, sind Diebe und Räuber; aber die Schafe haben nicht auf sie gehört. Ich bin die Tür, wer durch mich hindurchgeht, wird gerettet werden; er wird ein- und ausgehen und Weide finden. Der Dieb kommt nur, um zu stehlen, zu schlachten und zu vernichten; ich bin gekommen, damit sie das Leben haben und es in Fülle haben.

Johannes-Evangelium, Kapitel 10, Verse 7 – 10

gebet am morgen

vom licht
der morgendämmerung
herausgelockt

aus dem
dunkel
der nacht

die tür
in den tag
öffnen

den schlaf noch
in den augen
die haare verstrubbelt

ins grün hinausschauen
die vögel zwitschern hören
den wolken nachschauen

frei atmen
mich spüren
sein

und
Gott
guten morgen sagen

Durchgehen erwünscht

Türen sind Übergänge. Sie ermöglichen es, von einem Raum in einen anderen zu gehen, weil sie ein Durchgang in einer Mauer sind. Gleichzeitig aber sind sie mehr als einfach nur ein Loch in der Wand. Das wäre sozusagen „defizitär", weil etwas fehlt. Eine Tür ist eine neue, eine zusätzliche Möglichkeit. Türen ermöglichen es, aus etwas heraus zu kommen – oder in etwas hinein zu gelangen. Und man kann zwischen beiden Räumen hin und her wandern.

Eine solche „Öffnung" ist zugleich natürlich auch eine Gefahr. Denn dort, wo ich hineinkommen kann, können auch andere hereinkommen. Deshalb kann man Türen auch zumachen und sogar abschließen. Und je wichtiger eine Tür für den Schutz ist, umso größer sind die Riegel und Vorhängeschlösser. Nur wer den richtigen Schlüssel hat, kann eine solche Tür öffnen, und kein Unbefugter darf eintreten. Deshalb findet man oft an Durchlässen, die durch keine Tür gesichert sind, das Schild „Durchgang verboten".

Ein solches Schild hat Jesus nicht vor sich aufgebaut, es gibt keinen Riegel und die Tür ist nicht abgeschlossen – im Gegenteil. „Durchgang erwünscht!" ruft er uns zu – und wer kommen mag, ist willkommen.

Ja, es ist eine Herausforderung – wer durch die Tür hindurch geht, verlässt das eine und lässt sich auf etwas Anderes ein. Manchmal mag der Weg vertraut und das Ankommen ein ersehntes Heimkommen sein. Manchmal ist alles neu und herausfordernd, ein Gehen ins Ungewisse. Eine Tür lädt nicht dazu ein, davor oder in ihr stehen zu bleiben, sondern dazu, einen anderen Raum zu betreten.

In vielen Märchen und Sagen muss der Held eine Tür finden, den passenden Schlüssel zu einem Tor oder das Losungswort. Gelegentlich gilt es eine Aufgabe zu lösen, damit eine Tür sich öffnet. Manche

Tore und Türen kann man erst passieren, wenn man Zoll bezahlt oder seinen Pass vorweist. Von all dem sagt Jesus nichts. Er als Tür steht denjenigen offen, die bereit sind, hindurch zu gehen, in das jeweils Andere zu gehen. Und wenn wir Jesus Christus folgen, dann sind wir eigentlich ganz gut aufgehoben.

Mit ihm als Brot des Lebens, mit ihm als Licht, das uns den Weg weist, können wir getrost den Übergang wagen – können wir aufbrechen und heimkommen. Der Weg zu uns selbst, der Weg zu den Menschen und der Weg zu Gott führt immer zu Jesus Christus und durch ihn „hindurch".

und ganz leise …

verstrickt
geknebelt
gefesselt

in mir
und
meinen gedanken

sehe ich keinen sinn mehr
freunde mich mit dem dunkel an
überleben irgendwie

und ganz leise
öffnet sich eine tür
die ich vorher nicht sah

und licht fällt ein
und klänge ertönen
und ich merke auf

und mache einen schritt
und schaue
und höre

und im schauen
gehen
hören

sehe ich
leben farbe
liebe sein

und
da ist
ein du

und ich atme durch
komme vor
taste mich aus dem dunkel heraus

und geh
durch die tür
dem leben entgegen

Du bist meine Tür

Ich stehe vor dir. Du bist die Tür. Ich kann dich nicht genau sehen, aber ich erahne dich. Auf den ersten Blick wirkst du dunkel – und doch schimmert irgendwoher Licht durch. Ein wenig abweisend – und doch einladend. Verheißungsvoll? Ist es das Wort, das ich suche? Was bist du – oder sollte ich fragen: Wer bist du?

Mitten in dieser Mauer, vor der ich stehe, gibt es eine Öffnung. Man kann hindurch gehen. Es gibt einen Rahmen, der zu dieser Mauer dazu gehört. Und dieser Rahmen ist zugleich eine Öffnung durch sie hindurch.

Aber der Durchgang ist geschützt, er steht nicht einfach offen. Da gibt es ein Türblatt, das sich bewegt, das sich bewegen lässt.

Wer bewegt dieses Türblatt? Öffnest Du es für mich? Oder ist es meine Aufgabe, näher zu kommen – und es zu bewegen?

Noch bleibe ich stehen. Noch traue ich mich nicht.

Wohin mag diese Tür führen? Führt sie aus einem Haus heraus in die Weite, die Freiheit, den Aufbruch?

Oder führt sie aus der Verlorenheit, der Einsamkeit, den Fragen hinein in den Schutz eines Hauses? Finde ich dort ein Dach über dem Kopf? Wenn ich durch sie hindurchgehe – komme ich dann aus der Kälte in die bergende Wärme? Oder gehe ich aus der stickigen Luft hinaus in die Frische?

Ich führe dich hinaus und hinein. Ich tue dir das, was du willst, dass dir getan werden soll. Du entscheidest, ob du hinausgehst oder hineinkommst. Ich bin der Übergang. Ich verbinde das eine mit dem anderen. Ich bin einfach nur da. Es ist deine Entscheidung, ob du durch mich hindurchgehst.

Gott spricht zu mir und macht mir Mut, aber ich habe trotzdem Angst. Was wird passieren, wenn ich durch diese Tür hindurchgehe?

Will ich es überhaupt? Vielleicht pfeift mir auf der anderen Seite plötzlich der Wind um die Nase – und ich werde ganz schön durchgepustet? Möglicherweise muss ich mich gegen das stemmen, was da draußen so auf mich einstürmt? Vielleicht haut es mich sogar um? Will ich das? Kann ich das?

Probier es doch einfach aus!

Aber – wenn es mir zu wild wird da draußen, kann ich dann wieder zurück?

Wenn du zurück willst, kannst du wieder zurück. Aber du wirst anders zurückkehren. Du hast dann deiner Sehnsucht getraut, bist ihr gefolgt – und hast erfahren, dass der Weg im Moment nicht der deine ist. Und das ist eine wichtige Erfahrung!

Wenn ich zurück will – ist die Tür dann offen? Kann ich zurück in das Bergende, das Ruhige, das Schützende?

Du öffnest und schließt mich, die Tür. Ich bin einfach nur da. Ich bin der Übergang, zwischen einem Außen und einem Innen, zwischen Aufbruch und Ankommen, zwischen Herausforderung und Geborgenheit. Ich eröffne dir den Weg in das jeweils andere.

Jede Mauer hat zwei Seiten, eine vor und eine hinter der Mauer. Ich bin die Tür. Ich öffne dir beide Räume. Wenn ich deine Tür bin, dann kannst du im einen wie im anderen zuhause sein.

Was heißt das, „durch dich hindurchgehen"?

Ich kenne die eine wie die andere Seite. Wenn du dich bei deinem Übergang einen Moment lang in mich hineinstellst, kann ich dich auf deinem Weg begleiten – und wenn es dir auf der anderen Seite nicht gefällt, dann kannst du durch mich zurückkehren. Mag sein, dass es wichtig ist, das eine und das andere klar zu sehen – und den Übergang zu markieren.

Ja, aber, was ist denn jetzt mein Ort, mein Platz? Ich kann doch nicht dauernd hin und her wandern!?

Naja, es gibt zwei Möglichkeiten – entweder du bleibst immer da, wo du jetzt schon bist. Dann brauchst du aber auch keine Tür. Wenn du nirgendwo hingehen willst, dann brauchst du eher eine gute Couch oder ein Bett.

Es kann aber sein, dass Du aufbrechen, anders leben willst. Dann wird es dir immer wieder passieren, dass es zwei Pole in deinem Leben gibt. Du willst einem Menschen nahe sein – und brauchst doch deine Zeit für dich. Da gibt es eine Herausforderung – und doch hast du Angst loszugehen. Du willst die Erfahrung des Neuen, Anderen – und doch ist dir das Vertraute und Herkömmliche wichtig.

Ja, das kommt mir sehr bekannt vor. Und was hat das jetzt mit dir und der Tür zu tun?

Ich bin zwischen dem einen und dem anderen. Oder richtiger: Ich bin das eine und das andere. Ich bin Innen und Außen, Geborgenheit und Herausforderung, Auftrag und Zumutung, Schutz und Wagnis. Wenn du innen bist, werde ich dich herausrufen – und wenn du außen bist, lade ich dich ins Innere ein. Ich bin das, was du dir nicht bist. Ich lade dich ein, in den anderen Raum zu gehen.

Und wenn ich nicht gehen will?

Dann bleibst du eben da, wo du grad bist. Ob du gehst – das ist deine Entscheidung.

Es gibt für alles eine Zeit – eine Zeit zum Bleiben und eine Zeit zum Gehen. Aber als Tür mag ich dich zumindest daran erinnern, dass es auch noch einen anderen Raum gibt. Was du damit machst – das ist deine Entscheidung. Aber wenn du in den anderen Raum gehst, gehen magst – dann denk dran: Du gehst durch mich hindurch – und ich gebe dir meine Kraft, meine Stärke und meine Liebe mit. Und ich bin und bleibe – und halte dir den Weg zum jeweils anderen Raum offen.

du bist die tür
für mich

durch dich
gehe ich
hinein

finde schutz
wärme geborgenheit
und dort steht
ein tisch und ein bett
und ein teller suppe
da brennt eine kerze
im kamin flackert ein feuer

ich schließe die tür
und komme heim

durch dich
gehe ich
hinaus

in den wind
die weite
voller sehnsucht
mit neugier
rucksack und wanderstab
ins unbekannte hinein
leben

ich schließe die tür
und breche auf

du bist

heimkommen und losgehen
zuflucht und herausforderung
geborgenheit und lockruf
schutz in der weite
gefunden werden in der verlorenheit
die freiheit inmitten der mauern
die sehnsucht im vertrauten

du bist
hier und dort
dort und hier

du bist
die tür
vom einen
zum anderen

Wenn man Grenzen nicht überschreitet, entwickelt man sich nicht weiter. Das gilt wahrscheinlich fürs Turnen ebenso wie für andere Lebensbereiche. Wer mit beiden Beinen auf dem Boden steht, kommt nicht voran. Wenn alle nichts anderes machen würden als nur Gesetze einhalten, dann wären wir heute weder als Individuen noch als Gesellschaft da, wo wir sind. [...]

Grenzen zu überschreiten heißt auch immer, Risiken einzugehen.

Samuel Koch

Türen haben ein Gesicht

Natürlich werden mich manche Menschen jetzt für verrückt erklären – aber Türen haben für mich ein Gesicht.

Viele lächeln mich freundlich an, laden regelrecht dazu ein, sie zu öffnen und durch sie hindurchzugehen. Da ist die Tür zum Haus eines Freundes, und hinter ihr ahne ich Wärme. Vor einer anderen Tür stehen Gummistiefel, da liegt ein Ball und ein verlorener Kinderhandschuh – Zeichen der Lebendigkeit. Spät abends komme ich noch im Tagungshaus an – vor der Tür brennt eine Kerze und da hängt ein Zettel, wo ich den Schlüssel finde und etwas zum Essen.

Andere sehen einfach verheißungsvoll aus: die alte, schmiedeeiserne Tür, die in einen verwunschenen Garten führt; das große Tor zu einer alten Kirche – und ich weiß nicht, was sich dahinter verbirgt. Aber ich fühle mich eingeladen.

Da gibt es Kellertüren, aus Brettern gemacht, x-mal überstrichen – und doch erfüllen sie noch ihre Aufgabe. Da gibt es den Supermarkt-Eingang, der eigentlich gar keine Tür mehr ist, sondern einfach aus zwei riesigen Glasscheiben besteht, die fast unhörbar links und rechts in der Wand verschwinden und mich zum Eintreten nötigen, wenn ich näher trete.

Manche Türen wirken abweisend auf mich – die kalte Bürotür in einem Amt, an einem langen Flur, in dem die Türen sich nur durch Nummern und Namensschilder unterscheiden, aber keine Persönlichkeit mehr haben. Und dann gibt es diese protzigen Türen, die durch Stahl und Glas zu beeindrucken suchen – und an denen ich lieber vorbeigehen würde.

Manche Türen sind gut gegen unerwünschte Eindringlinge abgesichert – andere stehen sperrangelweit offen. Manche weisen ab, andere laden ein. Einige sind mit vielen Schlössern gesichert, andere haben zwischen ihren Brettern einen kleinen Spalt, durch den man hindurch gucken kann.

Wenn Jesus die Tür ist – wie sähe diese Tür für mich aus? Einladend oder abweisend? Verschlossen und verriegelt – oder öffnet sie sich, wenn ich die Klinke drücke? Ist es eine nette, sympathische, alte Holztür, die ein bisschen quietscht – oder ist sie ganz modern, aus Stahl und Sicherheitsglas? Ein kleines Gartentürchen oder das große Scheunentor? Gibt es da ein Namensschild und vielleicht eine Klingel? Oder muss ich klopfen? Und wenn ich klopfe, hört es jemand – und sagt vielleicht „herein"? Traue ich mich überhaupt zu klopfen, zu klingeln – oder bleibe ich in einiger Entfernung stehen und schaue die Tür nur an?

Und könnte es sein, dass diese Tür, so wie ich sie wahrnehme, vielleicht mehr über mich als über Jesus sagt? Dass da manchmal ein Licht hindurch schimmert, das ich aber nicht sehe? Dass ich das Gefühl habe, die Tür wäre verschlossen – und dabei ist sie nur angelehnt und bräuchte lediglich ein leises Antippen mit dem Finger, um sich zu öffnen? Dass ich denke, da wäre ein riesengroßes Scheunentor – aber es ist nur ein kleiner Durchgang, für den ich mich sogar bücken muss? Oder ich denke, es wäre ein kleines Türchen, durch das ich nie hindurch komme – und im Näherkommen wird die Tür immer größer und das Licht, das heraus strahlt, immer leuchtender?

Könnte es sein, dass Jesus die Tür ist, die ich aus ihm mache?

Ich bin – Tür

Wenn Jesus die Tür für mich ist, und wenn er auf mich „abfärbt", dann werde ich auch zu einer Tür. Dann kann ich Menschen andere und neue Räume eröffnen, ihnen einen Übergang ermöglichen. Das aber geht nur, wenn ich selbst in beiden „Räumen" zuhause bin, wenn ich keine Angst vor dem jeweils anderen habe. Dann kann ich dem, der nie zur Ruhe kommt, einen Raum der Ruhe, der Stille und der Geborgenheit anbieten. Dann kann ich den zum Leben und zum Aufbruch anstiften, der sich zuhause verkrochen hat. Bei dem einen kann ich vielleicht die Sehnsucht nach etwas Neuem wecken, dem anderen Geborgenheit zusagen.

Das heißt nicht, dass ich jemanden gewaltsam von einem Raum in den anderen „schleppe" – ich bin „nur" die Tür. Ich öffne Räume, aber ich zwinge niemanden, hinein zu gehen. Ich kann einladend offenstehen – oder abweisend zugeschlagen sein. Ich kann ein paar Blümchen hinstellen oder einen festen Riegel mit Vorhängeschloss anbringen. Ich kann eröffnen, aber eben auch verschließen.

Ich muss dabei nicht alles mitmachen, auch eine Tür geht schließlich nicht mit denen mit, die durch sie hindurchgehen. Eine Tür bleibt – sie schützt, hält den Rücken frei, ist einfach da, eröffnet den Weg in den anderen Raum.

Junge Menschen haben oft einen natürlichen Drang, den Ort, an dem sie aufgewachsen sind, wo sie zuhause sind, zu verlassen. Zunächst nur für ein paar Monate, irgendwann aber werden sie ganz ausziehen. Eltern können in diesen Zeiten des Übergangs eine Tür sein, dazu ermutigen, aufzubrechen und loszugehen – mit der Zusage: „Unsere Tür steht immer für dich offen!".

In meinem Leben gibt es Zeiten, in denen regelrecht „Landunter!" ist – das neue Buchmanuskript muss fertig werden, die Termine „knäulen" sich, Tagungshäuser brauchen die Ausschreibung für den nächsten Kurs. Manchmal habe ich dann nicht die Zeit und die Kraft, so für meine Freunde da zu sein, wie ich es mir selbst wünsche. Dann muss ich die Tür zu mir selbst ein wenig „zumachen". Wenn es wirkliche Freunde sind, dann klopfen sie gelegentlich mal liebevoll bei mir an, nehmen es mir aber nicht übel, wenn ich noch nicht öffnen kann. Aber sie halten ihre eigene Tür für mich offen – und es ist für mich ganz kostbar zu wissen, dass sie da sind.

Manche Menschen begleite ich für eine gewisse Zeit … und dann gehen sie eines Tages ihren Weg alleine weiter. Das ist gut so – und doch ist für mich vollkommen klar: Wenn sie eines Tages nochmal anklopfen, bin ich wieder für sie da.

Wenn ich Tür bin, sein will, dann muss ich selbst in der Lage sein, mich zu bewegen, hin und her zu schwingen – aber in den Angeln gehalten …

Der Tod ist die Tür ins Leben

Wenn Türen Übergänge von einem Raum zum anderen sind, dann ist auch der Tod eine solche Tür. Im Sterben gehen Menschen aus dieser Welt hinaus in eine andere Welt hinein. Aus einem Leben hier und jetzt wird ein Leben da und dort. Der Tod markiert die Grenze, diesen Übergang. Aber hinter einer Grenze hört das Land ja nicht auf. Mag sein, man spricht dort eine andere Sprache, zahlt in einer anderen Währung. Aber das Land geht weiter.

Eine Tür ist ein Durchgang in einer Mauer. Der Tod ist nicht die Mauer, sondern der Durchgang. Mit dem Tod endet nur ein Raum, und zugleich eröffnet sich in ihm ein neuer Raum, den wir nur nicht fassen können, weil wir noch nicht durch diese letzte Tür gegangen sind.

Irgendwo las ich einmal den Satz: „Wenn wir den Tod hinter uns haben, haben wir das Leben vor uns". Denn normalerweise tut sich hinter jeder Tür ein neuer Raum auf – und eben kein Abgrund.

Und mag sein, dass sich derjenige mit dem Sterben leichter tut, der auch in seinem Leben oft durch kleine und große Türen gegangen ist, der den Übergang probiert hat, der in dem einen wie dem anderen Raum zuhause war. Wer viel unterwegs war, mag gerne heimkommen und ankommen.

Der Tod ist die Tür, durch die wir alle hindurchgehen müssen und werden – und wir entscheiden darüber genauso wenig wie über die Tatsache, dass wir geboren wurden. Geburt und Tod sind Türen zum Leben.

Und ER selbst ist die Tür …

Du brauchst Gott weder hier noch dort zu suchen;
Er ist nicht ferner als vor der Tür des Herzens.
Da steht er und harrt und wartet,
wen er bereit finde, der ihm auftue und ihn einlasse.
Du brauchst ihn nicht von weither herbei zu rufen.
Er kann es weniger erwarten als du, dass du ihm auftust.
Es ist ein Zeitpunkt: Das Auftun und das Eingehen.

Meister Eckehart

Wie man falsch mit Türen umgehen kann ...

„Klopf. Klopf" – „Wer ist da?" ... so beginnt ein lustiges Wort-Spiel für Kinder. „Klopf, klopf!" – „Wer ist da?" – „Christa." – „Christa, wer?" – „Krista die Tür wieder nicht auf?" Ein nettes Spiel, das gut als Einstieg funktioniert, weil hier die ganze Problematik einer geschlossenen Tür vor Augen geführt wird. Denn nicht immer lässt sich eine Tür einfach öffnen. Es stellt sich die Frage, ob es an uns liegt, dass wir die Tür nicht öffnen, oder an den anderen, die uns nicht aufmachen wollen?

An manchen Toren steht: „Keep Out!" oder „Draußen bleiben!".Es gibt diese Weisung als witzige Aufforderung: „Eltern müssen leider draußen bleiben!", aber auch als ernst gemeinte Regelung: „Nur für Personen mit einem gültigen 1.-Klasse-Ticket". Ein Raum wird zum „Sperrgebiet", sogar zur „Gefahrenzone" deklariert und einfach verschlossen. Nichtautorisierte dürfen dort nicht hinein. Warum? Weil wir vorsichtiger geworden sind, wem wir die Tür öffnen. Zuviel Böses geschieht jeden Tag und was wir davon hören, macht uns misstrauisch. „Was wäre wenn ...?" Es bleibt eine immer größer werdende Unsicherheit. Wir kennen die, die vor unserer Tür stehen und klopfen, nicht ... Da scheint es klüger zu sein, wenn wir sie auffordern: „Die Tür bitte schließen!". Am besten von außen und auch noch „leise". So werden in vielen Ländern, auch in Deutschland, Menschen ausgeschlossen, verstoßen und ignoriert, in einen Lebensraum gezwängt, in dem sie festsitzen, in eine Situation hinein, aus der es keinen Ausweg zu geben scheint. Sie sind ausgegrenzt.

Einige der Abgewiesenen klopfen trotz vieler Enttäuschungen immer wieder an. Sie vertrauen, dass es wahr ist, dieses Versprechen: „Klopft an und Euch wird aufgetan." (Mt 7,7). Ja, Menschen klopfen. Aber in unserer individualistischen Welt scheint es wenige zu kümmern. Warum öffnen? Es geht dabei nicht nur um die Angst, dass jemand vor der Tür stehen könnte, der mir schaden möchte. Für viele lautet das Motto schlicht: „Ich bin generell nicht da – für andere". Laute Musik und das Gedröhne vom Fernseher lässt sie das Bitten um Einlass überhören. Sie wollen nicht gestört werden. Das Klopfen stösst auf taube Ohren. Menschen bleiben draußen.

„Klopf. Klopf." – „[Stille]" Auch das geschieht. Jemand klopft an und der Hausherr ist zwar im Haus, aber doch nicht „ganz" da. Er hört das Klopfen, kann aber nicht öffnen, weil er nicht weiß wie. Es gibt diese Menschen, die nie bei sich selbst zuhause zu sein scheinen. Sie geben sich mit Oberflächlichem zufrieden und sind an einer tiefen Begegnung mit sich selbst und mit anderen nicht interessiert. Leere Gesten und gedankenlose Antworten ersticken jegliche Beziehung, außer vielleicht diejenige mit Gleichgesinnten, im Keim. Bei solchen Menschen fehlen mögliche Anknüpfungspunkte. Worte kehren als leeres Echo zurück. Im Tiefsten kommt nichts an, denn ihnen fehlt selbst die Kraft,, sich hörend auf den anderen und sich selbst einzulassen und somit ganz da zu sein.

Sicher, es gibt Momente in unserem Leben, in denen es wichtig ist, dass unsere Tür geschlossen bleibt. Wer sie zu jeder Zeit aufreißt und allen und allem Einlass gewährt, dessen Lebensraum, ob innerlich oder äußerlich, wird bald total übervölkert und voller Unruhe sein. Vieles kommt dann nicht nur vorbei, sondern auch herein, mit Erwartungen, Bitten, Anfragen, Geschichten, Hoffnungen, Sorgen, Kritik … Da wird die Tür zu einer Drehtür, die immer in Bewegung ist, immer offen, immer einladend: „Kommt doch herein und seht, was ich Euch zu bieten habe, wie ich für Euch da sein kann". Totale Entgrenzung ist die

Folge. Dieser Mensch verliert seine Grenzen, er kann die Schotten nicht dicht machen, wenn es wirklich nötig wäre, er ist für alle zu haben. Jeder kann nach freiem Belieben ein- und ausgehen. Jeder erhält die Befugnis, sich häuslich einzurichten und zu nehmen, was ihm gerade passt. Dieser entgrenzte Mensch merkt oft nicht, dass sein Zuhause an Atmosphäre verliert, da es zu einem Marktplatz der Überbeanspruchung durch andere geworden ist. Was wertvoll und kostbar ist, wird mitgenommen. Zuletzt bleibt eine leere Hülle übrig, die keiner Tür mehr bedarf, denn es gibt nichts mehr zu schützen. Eines ist gewiss: Das Klopfen hört dann auf.

Ausgrenzung? Entgrenzung? Tür zu sein birgt auch Gefahren und fordert zur Vorsicht auf. Um wahr und authentisch damit umgehen zu können, müssen wir auf eine tiefere, innere Ebene hinabsteigen, dort wo wir uns unserer Würde und unserer Werte bewusst sind. Nur von dort aus kann ein richtiger Umgang mit jeglichem Klopfen wachsen. Auf die Frage: „Was nun?" können wir dann in Freiheit wählen, wann die Tür geöffnet wird und wann sie geschlossen bleiben darf. So können wir andere einladen, wenn wir spüren, dass wir etwas anzubieten haben, wenn wir genug Zeit und Kraft für sie haben, wenn wir Offenheit in uns spüren zuzuhören, wenn jemand in Not ist. Aber es darf für uns auch einmal Feierabend geben, eine Zeit, in der die Tür zugemacht wird und geschlossen bleibt. Denn nur in diesen Auszeiten, in denen wir ganz bei uns und bei Gott zuhause sind, können wir den Tag Revue passieren lassen, unsere Batterien aufladen, alles Schwere und jede Bürde loslassen, und uns so für das nächste Abenteuer bereiten, das so beginnt: „Klopf. Klopf." – „Wer ist da?"

Sr. Ulrike Diekmann cps

Ich bin der gute Hirt

Jesus sagte: Ich bin der gute Hirt. Der gute Hirt gibt sein Leben hin für die Schafe. Der bezahlte Knecht aber, der nicht Hirt ist und dem die Schafe nicht gehören, lässt die Schafe im Stich und flieht, wenn er den Wolf kommen sieht; und der Wolf reißt sie und jagt sie auseinander. Er flieht, weil er nur ein bezahlter Knecht ist und ihm an den Schafen nichts liegt. Ich bin der gute Hirt; ich kenne die Meinen, und die Meinen kennen mich, wie mich der Vater kennt und ich den Vater kenne; und ich gebe mein Leben hin für die Schafe.

Johannes-Evangelium, Kapitel 10, Verse 11 – 15

Schaf und Hirte

Mit dem Bild vom Guten Hirten können viele Menschen heute nicht mehr allzuviel anfangen. Eine Schafherde zu sehen, die mit ihrem Hirten von Weideplatz zu Weideplatz zieht, ist eher die Ausnahme und der Beruf des Wanderschäfers vermutlich vom Aussterben bedroht. Wahrscheinlich würde Jesus heute eher ein anderes Bild wählen, um das auszudrücken, was er den Menschen sagen will. Aber auch nach längerem Nachdenken fällt mir kein Bild ein, das genau das ausdrückt.

Hirte und Schafe sind aufeinander angewiesen – die Schafe brauchen den Hirten. Und was wäre ein Hirte ohne seine Herde? Die Menschen, zu denen Jesus damals sprach, lebten unter kargen Lebensbedingungen, und die wenigen Schafe oder Ziegen, die sie hatten, waren sozusagen ihre Lebensgrundlage. Deshalb war jedes einzelne Schaf wichtig! Und wenn eines davon verloren ging, dann ging man ihm nach und suchte es – eine andere Geschichte, die Jesus einmal erzählt (vgl. Matthäus-Evangelium, Kapitel 18, Verse 12-14). Der Hirt kümmerte sich um jedes einzelne Schaf – und er kennt alle seine Schafe genau. Er weiß, welches Tier ein wenig mehr Aufmunterung braucht und welches gelegentlich ein energisches Wort oder ein Kraulen zwischen den Ohren. Er weiß, welche Tiere gut miteinander können – und welche zum Streiten neigen.

Andererseits kennen auch die Tiere ihren Hirten genau. Und wenn er gut mit ihnen umgeht, dann vertrauen sie ihm auch. Irgendwo las ich einmal die Geschichte, dass sich vier große Schafherden an einer großen Wasserstelle trafen – und die vier Herden vermischten sich. In dem Moment aber, als ein Hirte einen Pfiff ausstieß, lösten sich die Schafe seiner Herde aus dem Durcheinander und folgten ihm.

In dieser Beziehung sind Schafe möglicherweise sogar klüger als wir Menschen. Sie wissen, wer oder was ihnen gut tut – und dem folgen sie. Wir wissen oft genug, dass uns manches nicht gut tut und machen es trotzdem. Wir ahnen, dass man jemanden nicht trauen kann – und folgen ihm dennoch.

Der gute Hirte ist ein altes Bild in der Geschichte des Volkes Israel, schon der Prophet Ezechiel (6. Jhdt. v. Chr.) spricht davon:

Denn so spricht Gott, der Herr: Jetzt will ich meine Schafe selber suchen und mich selber um sie kümmern.

Wie ein Hirt sich um die Tiere seiner Herde kümmert an dem Tag, an dem er mitten unter den Schafen ist, die sich verirrt haben, so kümmere ich mich um meine Schafe und hole sie zurück von all den Orten, wohin sie sich am dunklen, düsteren Tag zerstreut haben.

Ich führe sie aus den Völkern heraus, ich hole sie aus den Ländern zusammen und bringe sie in ihr Land. Ich führe sie in den Bergen Israels auf die Weide, in den Tälern und an allen bewohnten Orten des Landes.

Auf gute Weide will ich sie führen, im Bergland Israels werden ihre Weideplätze sein. Dort sollen sie auf guten Weideplätzen lagern, auf den Bergen Israels sollen sie fette Weide finden.

Ich werde meine Schafe auf die Weide führen, ich werde sie ruhen lassen – Spruch Gottes, des Herrn.

Die verloren gegangenen Tiere will ich suchen, die vertriebenen zurückbringen, die verletzten verbinden, die schwachen kräftigen, die fetten und starken behüten. Ich will ihr Hirt sein und für sie sorgen, wie es recht ist.

Buch Ezechiel, Kapitel 34, Verse 11 – 16

Das Schaf, das verloren ging

Also, ich bin das Schaf, das verloren ging. Zumindest sagt man es so. Übrigens heiße ich Agnes. Denn auch wir Schafe sind alle einzigartig – und jedes hat natürlich seinen ganz eigenen Namen. Die Menschen kümmern sich da manchmal nicht drum, für sie sind wir einfach Schafe. Und dumm noch dazu!

Aber das kommt nur daher, dass sie uns nicht kennen – und sich auch keine Mühe geben, uns kennenzulernen.

Also, ich bin Agnes – und natürlich bin ich nicht verloren gegangen! So dumm sind wir Schafe nicht, wir wissen schon, wo wir hingehören. Ich hatte einfach Lust, mal auf eigene Faust loszuziehen, die Welt zu entdecken. Man muss ja schließlich nicht immer alles gemeinsam machen, man kann doch auch mal eigene Wege gehen! Und so hab ich mich halt auf den Weg gemacht und bin einfach losgegangen.

Und ich hab es richtig genossen! Wenn man mit anderen unterwegs ist, dann ist man doch sehr auf sie ausgerichtet, man unterhält sich, macht small talk über das Wetter und das Gras, kümmert sich um die anderen. Wenn man dagegen so ganz alleine auf dem Weg ist, dann lenkt einen nichts ab … dann kann man einfach einmal stehenbleiben, wo man will und dem Schmetterling hinterher schauen, dann kann man den Weg wählen, der einen neugierig macht, dann kann man auch mal schweigen und das Gras wachsen hören. Ich find das ganz schön!

Okay, es hat natürlich auch seine Schattenseiten! Manchmal möchte man mit jemandem reden – und dann ist keiner da! Dann wieder weiß man nicht so recht, wohin man denn gehen soll, wenn man was zum Fressen braucht. Und kürzlich habe ich echt Durst gehabt und wusste nicht, wo es Wasser gibt! Naja, einem Wolf möchte ich auch nicht unbedingt begegnen, wenn ich da so alleine unterwegs bin.

Also, für eine gewisse Zeit ist es ganz schön, da so alleine unterwegs zu sein ... aber eigentlich ist es ja auch ganz angenehm, wenn man zusammen unterwegs ist. Man ist nicht immer alleine für alles zuständig. Und gemeinsam sind wir stärker!

Nach einiger Zeit habe ich mich schon nach den anderen gesehnt. Aber ich kann doch nicht so einfach wieder bei der Herde auftauchen und sagen: „Hallo, hier bin ich wieder!" – und das mit der Sehnsucht kann ich schon gar nicht sagen! Wie stünde ich denn dann da?

Ehrlich gesagt, in dem Moment hab ich mich schon ein bisschen verloren gefühlt. Die große, weite Welt – gut und schön, aber ich brauch doch auch ein Zuhause! Wie kann ich jetzt wieder elegant zurückkommen, ohne mein Gesicht zu verlieren?

Meine Güte, war ich froh, als ich die Stimme meines Hirten hörte, der nach mir rief. Er suchte mich – und das tat mir ja sowas von gut, dass da jemand nach mir sucht! Dass da jemand an mir interessiert ist! Dass da jemand was von mir will!

Und dann lief ich ihm entgegen – und er nahm mich in seine Arme und streichelte mich und kraulte mich zwischen den Ohren, da, wo ich es besonders gern mag. Und er sagte einfach: „Ich mag dich! Und ich bin froh, dass ich dich gefunden habe!". Anschließend schwiegen wir beide. Ich schmiegte mich an ihn – und wusste: Er kennt mich, er versteht mich, er ist da. Und viel entscheidender: Er ist mir nachgegangen, nicht um mich in meinem Freiheitsdrang zu bremsen, sondern um da zu sein, wenn ich ihn brauche. Und genau dann war er ja wirklich da!

„Okay", sagte er und lächelte mir verschwörerisch zu, „wir tun jetzt einfach so, als ob du dich verlaufen hättest, und ich hätte dich gefunden und würde dich zurück bringen. Dann brauchst du gar keine großen Erklärungen abzugeben."

Ich schaute ihn erleichtert an – ja, so könnte es gehen. Es wäre auch ganz schön, wieder bei den anderen zu sein.

„Ach so", sagte er noch, „ich kann dich gut verstehen. Und wenn du mal wieder alleine unterwegs sein, deinen Weg gehen willst, sag kurz Bescheid. Ich kann dich lassen. Aber du sollst wissen, dass ich da bin. Ich gehe alle deine Wege mit. Und ich gehe dir nach. Ich bin bei dir."

Und dann nahm er mich auf seine Schultern, und wir gingen zu den anderen zurück.

du bist
mein hirte

du führst mich zu grünen weiden
wenn ich hungrig bin
aber gehen und fressen muss ich schon selber

du zeigst mir das wasser
wenn ich durstig bin
aber trinken muss ich alleine

du bringst mich zum ruheplatz
wenn ich müde bin
aber ich muss auch ruhen wollen

du gehst mir voran
wenn ich den weg nicht weiß
aber ich muss bereit sein dir zu folgen

du bist bei mir
wenn ich angst habe
aber ich muss dir vertrauen

du treibst mich voran
wenn ich bequem werde
aber ich muss aufstehen

du schützt mich
wenn ich mich bedroht fühle
aber ich muss deine nähe suchen

du gehst mir nach
wenn ich mich verloren habe
aber ich muss mich finden lassen

du bringst mich nach hause
wenn ich mich verletzt habe
aber ich muss mich tragen lassen

du rufst mich bei meinem namen
wenn ich unsicher bin
aber ich muss auf deine stimme hören

du liebst mich
wenn ich an mir zweifle
aber ich muss mich von dir

lieben lassen

Ich bin – Hirte

Natürlich werden die wenigsten von uns heute noch Schafe, Ziegen oder Kühe haben, die gehütet werden müssten. Und doch sind uns Menschen, Geschöpfe und die Natur anvertraut, auf dass wir sie behüten und bewahren und für sie sorgen.

Jeder Mensch lebt in sozialen Beziehungen – da gibt es Familie und Freunde, Nachbarn und Kollegen. Für manche trägt man mehr, für andere weniger Verantwortung. Einige mag man ein bisschen lieber, andere sind einem eher etwas fern. Und doch ist man miteinander verbunden, und es berührt einen, wenn die Kollegin an Krebs erkrankt, Freunde ein Kind verlieren, Silvia den erhofften Studienplatz bekommt und Bernd eindeutig frisch verliebt ist. Man versucht, anderen eine Freude zu machen oder eine Sorge abzunehmen. Man fühlt sich verantwortlich, dass die Kinder zu halbwegs gescheiten Menschen heranwachsen und die eigenen Eltern in ihrer zunehmenden Gebrechlichkeit gut versorgt sind.

Auch beruflich sind uns manchmal Menschen anvertraut – und mit dieser Aufgabe gilt es, sorgsam umzugehen. Ein Pilot hat die Verantwortung dafür, dass seine Passagiere heil an ihrem Ziel ankommen, wer Lebensmittel herstellt, ein Bäcker oder ein Metzger, muss peinlich genau auf Sauberkeit achten – und ich muss mich auf den Mechaniker in meiner Autowerkstatt verlassen können, damit mein Auto verkehrssicher ist.

Einigen Berufsgruppen sind dabei in besonderer Weise Menschen anvertraut, die noch nicht und nicht mehr selbst für sich sorgen können – zum Beispiel Kinder, kranke oder sterbende Menschen, die in besonderer Weise auf sie angewiesen sind. Sie vertrauen sich sozusagen diesen Menschen an – und es gehört mit zu den erfüllendsten Aufgaben, für solche Menschen da zu sein.

Sorge tragen für die Menschen, das hat aber auch eine weltweite Dimension. Durch das Fernsehen und die Informationsmöglichkeiten im Internet sind wir die erste Generation, die nicht mehr sagen kann: „Das haben wir aber nicht gewusst!". Wir wissen darum, dass manche der Produkte, die wir täglich nutzen, in Asien unter unmenschlichen Bedingungen von Kindern hergestellt werden, die sich eigentlich an ihrem „Kind-Sein" freuen, in die Schule gehen und lernen sollten statt ihre Familie zu ernähren. Wir wissen darum, dass Menschen hungern – und dass es kein allzu großes Interesse der Pharma-Konzerne gibt, Medikamente gegen Malaria zu entwickeln. Wir wissen darum, dass die Menschen, die in den Kaffeeplantagen oder den Gewächshäusern Südamerikas arbeiten, aufgrund der Pestizide ihre Gesundheit dafür aufs Spiel setzen, dass wir möglichst preiswert einkaufen können. Und wer Pferdefleisch zu Rindfleisch umdeklariert und Eier aus Massentierhaltung als Bio-Eier verkauft, der missbraucht das Vertrauen der Menschen und handelt verantwortungslos.

Ein „Hirte" bin ich nicht nur für diejenigen Menschen, die mir nahe stehen und die ich mag, sondern für die Menschen, mit denen ich auf diesem Planet Erde zusammenlebe.

Imponiert hat mir vor vielen Jahren ein Bericht aus Ostafrika. Ein afrikanischer Stamm, für den Kühe der wertvollste Besitz sind, hatte von den Terroranschlägen in den Vereinigten Staaten am 11. September 2001 gehört. Sie entschieden sich spontan, zwölf ihrer Kühe als Unterstützung und Zeichen der Verbundenheit mit den Opfern zu geben. Und dann bleibt nur die Frage zu stellen, wer wirklich „zivilisiert" ist.

Die Tiere sind uns anvertraut – auch wenn es vielleicht nicht mehr Schafe oder Ziegen sind. Man kann sich nicht in den netten, kleinen Hundewelpen verlieben – und ihn dann, wenn er unbequem wird oder in den Urlaub nicht mitgenommen werden kann, einfach aussetzen. Es geht nicht an, einem Pferd nicht das zu geben, was es braucht – Bewegung, Auslauf, sozialen Kontakt. Einen Jagdhund kann man nicht zum Schoßhündchen machen. Man braucht Tiere nicht zu vermenschlichen, aber eine artgerechte Haltung ist das Mindeste, was wir ihnen schuldig sind. Und wenn jemand ein Tier quält, dann muss man einschreiten.

Auch Pflanzen sind Mit-Lebende auf unserem Planeten – und ohne sie könnten wir gar nicht überleben. Wovon sollten wir uns ernähren? Albert Einstein sagte einmal: „Wenn die Bienen aussterben, haben die Menschen nur noch vier Jahre zu leben." Wir sind auch „Hirten" für die Welt, in der wir leben. Wenn wir Pflanzen, Tiere und Menschen nur darauf reduzieren, welchen Profit wir von ihnen haben, dann sägen wir uns selbst den Ast ab, auf dem wir sitzen.

Der Auftrag Gottes an den Menschen ist sehr klar: „Er setzte den Menschen in den Garten von Eden, damit er ihn bebaue und hüte." (Gen 2,15) – so heißt es im zweiten Schöpfungsbericht. Der Garten Eden ist die neugeschaffene Welt, das Paradies.

Menschen, die in einem solchen Sinne Verantwortung übernehmen, sind nicht immer sehr angesehen und werden manchmal sogar belächelt. Auch die Hirten zur Zeit Jesu hatten einen niedrigen sozialen Status. Und doch wurden sie zu einem Bild für Gott, den König der Welt, und auch für unsere Kirche. Wir sollen den anderen dienen und uns um diejenigen sorgen, die uns anvertraut sind. Und wer als Hirte so den Menschen dient, der ist wahrhaftig ein König.

Des Guten zuviel

„Ich soll ein Hirte sein? Warum gerade ich?" – Diese verwunderte Frage mag eine Reaktion auf die Herausforderung sein, einem inneren Ruf zu folgen und sich in einer besonderen Art und Weise um andere zu kümmern. Ob wir mit Resignation oder Begeisterung reagieren, immer verlangt es am Ende die Entscheidung, ob wir uns dieser fordernden Einladung stellen oder nicht. Dabei ist sich zum Einsatz für andere zu entscheiden das eine, das Maß dabei zu verlieren aber das andere.

Es gibt zum Glück Menschen, die sich zum Helfen berufen fühlen. Sie wollen helfen, müssen einfach helfen, sie können gar nicht anders. Irgendwie geraten sie immer wieder in solche Situationen, wo sie jemandem begegnen, der leidet, der verloren ist, der einfach nicht mehr kann. Sie sehen diese Menschen in Not und müssen etwas für sie tun. Sie wollen retten. Sie müssen dabei sein. „Die kann das nicht allein" oder „der braucht mich jetzt" – mit dieser Überzeugung gehen sie an die Arbeit. Gelegentlich sind solche Hilfestellungen wichtig und gut. Die Psychologie lehrt uns, dass von großem Leid betroffene Menschen durch das sorgende Mitgehen eines anderen ihr Leben wieder schneller in den Griff bekommen können, da deren Empathie, deren Echtsein und eine bedingungslose Annahme heilend wirken können. Das Gefühl, nicht allein unterwegs zu sein, kann stärken und einem Menschen neuen Mut in scheinbar aussichtslosen Situationen machen.

Doch bei manchen Helfenden bleibt es nicht beim schlichten und doch so wertvollen Mit-Sein. Sie gehen einen Schritt weiter. Bewusst oder unbewusst öffnen sie sich weit, lassen alles ungefiltert an sich heran und in sich hinein, ignorieren aber dabei den Schutz, den die inneren Grenzen dem Einzelnen anbieten möchten. Ohne eine gewisse

Vorsicht können derartige Grenzüberschreitungen verheerende und schwerwiegende Folgen haben. So wird das Problem der Leidenden ihr eigenes Problem. Sie weinen die Tränen der Trauernden. Sie sinken in die Depression der Vereinsamten. Sie verfallen in die Zweifel der Hoffnungslosen. Plötzlich stecken beide, Hilfesuchender und Helfende, in einer Krise. Da brauchen zwei Hilfe zum Überleben.

Bisweilen übertritt der Helfer auch Grenzen in anderer Weise. Er drängt sich derartig auf, dass seine Nähe den Suchenden die Sicht versperrt – auf einen Ausweg, auf eine Lösung, auf eine mögliche Zukunft. Edith Stein hat es so formuliert: „Auch das müssen wir lernen: andere ihr Kreuz tragen zu sehen und es ihnen nicht abnehmen zu können." Nähe ist gut und wichtig. Aber noch wichtiger ist es, den Mut zu haben, den anderen seinen Weg selbst gehen zu lassen. Nur so kann sich der Mensch selbst erkennen und neu positionieren, kann er Wege entdecken, die sein Leben wieder lebenswert machen.

Menschen können aber auch zu Kletten werden, weil sie ihr Leben ‚angeblich' nicht alleine meistern können. Sie wollen an die Hand genommen werden und sind bereit, ihre Freiheit aufzugeben. Für sie ist es einfach zu anstrengend und herausfordernd, selbst entscheiden zu müssen. Das Lebens-Chaos ist für sie zu überwältigend, als dass sie es sich selbst zutrauen würden, es alleine in Ordnung zu bringen. Da ist es viel einfacher, wenn es andere für sie tun. Solche Klettverschluss-Menschen haften uns plötzlich an, ohne dass wir uns dieses Los ausgesucht hätten. Sie sind bereit, einfach Kind zu bleiben und lehnen alle Eigenständigkeit ab, sie vermeiden es zu lernen, zu wachsen, ihr Leben zu leben ...

Sie leben ein riskantes Leben, denn solche Menschen sind in Gefahr, an jemanden zu geraten, der ihnen zum Verhängnis werden kann: Jemandem, der seine Machtposition hemmungslos ausnützt, der bestimmt, wo es lang geht. Nichts geht mehr, außer dem, was von ihnen bestätigt, erlaubt und abgezeichnet ist. Solche Gestalten kennen wir zur Genüge. „Führer-Sein" ist ein Begriff, der heute nicht mehr akzeptabel ist – denn die Hitlers, Stalins und Idi Amins dieser Welt führten Millionen von Menschen in die Irre, wurden ihnen zum Verhängnis und brachten zu guter Letzt nur Unheil und Tod. Das Phänomen einer unheilvollen Machtbessenheit aber besteht weiter. Es gibt leider immer wieder solche Menschen, die nur ihre eigenen Ziele verfolgen und für die nicht zählt, was andere denken und für gut erachten. Die ihnen Anvertrauten werden schon im Vorhinein als dumm, ideenarm und rückgratlos abgestempelt. Ob in Familie oder im Berufsumfeld, ob in Gruppen oder politischen Systemen – Kontrolle wird zu totaler Kontrolle, und zwar mit dem fadenscheinigen Argument, dass ‚die sogenannten Untertanen' sonst kein sinnvolles Leben leben könnten. Und so sind sie gefangen, Marionetten im Spinnennetz der egoistischen Selbstverherrlichung eines Menschen, der es angeblich gut mit ihnen meint. Es gibt für sie nur noch das vorgegebene Ziel, das alles von ihnen abverlangt, ihnen das Selbstbewusstsein raubt und letztlich ihre Würde nimmt. Wie Schafe lassen sie sich zur Schlachtbank der absoluten Macht führen, nicht in eine Zukunft hinein, die etwas mit Freude und Verwirklichung des eigenen Seins zu tun hat, sondern nur mit Zerstörung dessen, was hätte sein können.

Robert K. Greenleaf[4] erinnert uns daran, dass ein Hirte dient und diesen Dienst als eine Berufung erfährt, zu der er „ja" sagt. Es verlangt besondere Qualitäten, dieses Hirte-Sein zu leben: empathisches Zuhören, die Fähigkeit, das zu heilen, was gebrochen ist, Achtsamkeit, aber auch eine Voraussicht, die alle Wirklichkeiten wahrnimmt, die es wahrzunehmen gilt, um einen Weg über das ‚Jetzt' hinaus sehen und deuten zu können. Außerdem braucht es die Fähigkeit, zu überzeugen und andere auf einen Weg mitzunehmen, ohne auf Macht pochen zu zu müssen. Und einen Blick für das mögliche Wachstum im Leben des anderen, die Gabe, für das Entstehen einer Gemeinschaft zu sorgen.

Als Maßstab kann gelten, ob diejenigen, die einem solchen „Hirten" folgen, besser leben, gesünder, weiser, freier, autonomer, mehr sie selbst werden – das Leben in Fülle erfahren dürfen.

Sr. Ulrike Diekmann cps

Ich bin die Auferstehung und das Leben

Jesus sagte: Ich bin die Auferstehung und das Leben. Wer an mich glaubt, wird leben, auch wenn er stirbt, und jeder, der lebt und an mich glaubt, wird auf ewig nicht sterben.

Johannes-Evangelium, Kapitel 11, Verse 25 – 26

Über alle Grenzen hinaus

Dieses „Ich bin"-Wort Jesu steht im Zusammenhang mit der Auferweckung des Lazarus. Er ist der Bruder von Maria und Marta in Betanien, Freunden von Jesus. So lässt Marta diesem auch die Nachricht zukommen, dass Lazarus krank ist. Als Jesus bei seinen Freunden ankommt, ist Lazarus schon seit vier Tagen tot und sein Körper ist bereits beigesetzt. Im Gespräch mit Marta sagt er ihr zu, dass ihr Bruder auferstehen wird. Marta glaubt an die Auferstehung der Toten am Letzten Tag, Jesus aber sagt: „Ich bin die Auferstehung und das Leben!".

Am Grab lässt Jesus dann den Stein wegwälzen, und nach einem Gebet zu seinem Vater ruft er mit lauter Stimme: „Lazarus, komm heraus!" Und er kommt, seine Füße und Hände mit Binden umwickelt, das Gesicht mit einem Schweißtuch verhüllt.

Ehrlich gesagt … mit den Wundererzählungen über Jesus ist es schon so eine Sache. Und ich bin mir auch nicht so ganz sicher, wie ich reagieren würde, wenn mir jemand, den ich schon vier Tage betrauert habe, auf einmal aus seinem Grab entgegen kommt. Ob da nicht doch eher Erschrecken angesagt ist als reine Freude?

Aber wie so oft führt uns die Frage, was ist faktisch genau passiert, nicht weiter. Viel spannender könnte dagegen die Überlegung sein: Was will der Schreiber des Evangeliums damit bei uns erreichen?

Wir Menschen erleben den Tod als Grenze. Da endet etwas, da hört etwas auf. Und wir stehen machtlos und ohnmächtig davor. Aber hinter einer Grenze geht es weiter, eine Grenze ist nur ein Übergang zu einem anderen Land, mit einer anderen Sprache, vielleicht einer anderen Währung. Dieses Fremde, dieses Andere macht uns Angst, weil wir es nicht kennen, zu wenig davon wissen. Aber der Tod ist, so sagt es die Bibel, nur die Tür in ein neues Leben. Gott ist der Herrscher über das Land vor und hinter der Grenze. Der Tod ist, genau wie Zeugung und Geburt, eine menschliche Grenze – keine göttliche. Gott kann und wird diese Grenzen unseres irdischen Lebens nicht aufheben oder wegnehmen – aber er war und ist und wird sein. Gott sprengt alle Fesseln von Zeit und Raum. Und wer an ihn glaubt, für den weitet sich das Leben, über alle Grenzen hinaus! Und so gilt der Ruf Jesu auch mir und Dir, Ihnen und uns: „Komm heraus!"

Ich bin das Leben

Das Wort „Leben" ist das einzige Wort, das bei den „Ich bin"-Worten ausdrücklich zwei-Mal vorkommt – und auch das ist wohl mehr als nur ein Zufall. Und wenn man die Wortverbindungen mit berücksichtigt – „ich bin das Brot des Lebens" – kommt Leben sogar drei-Mal vor. Das ist das Programm Jesu: „Ich bin gekommen, damit sie das Leben haben und es in Fülle haben" (Johannes-Evangelium, 10. Kapitel, Vers 10). Leben in Fülle für uns Menschen – deshalb ist Jesus gekommen. „Leben in Fülle", das ist nicht nur nett und glücklich, ein „lach doch, Gott liebt dich!". Es sind nicht nur die Rosinen im Kuchen „Leben", nicht nur die Höhepunkte in unserem Dasein hier auf Erden. „Leben in Fülle" meint nicht möglichst viel, möglichst beeindruckend, möglichst extravagant. „Leben in Fülle" – das ist das Leben in all seiner Vielfalt, mit Höhen und Tiefen, Lachen und Tränen, mit Umarmung und Einsamkeit, strahlende Sonne und tiefdunkelste Nacht ... all das ist Leben in Fülle. Gott ist nicht zuständig für das Glück, sondern er ist zuständig für das Leben – das aber ist mehr, viel mehr.

Vor einigen Jahren bekam ich einmal einen Brief von einer älteren Leserin. Darin hieß es sinngemäß: „Sie schreiben so oft von Einsamkeit. Ich bin in meinem Leben noch nie einsam gewesen." Als ich ihr antwortete, wollte ich spontan schreiben: „Sie sind noch nie einsam gewesen? Wie schön für Sie!" – aber dann stutzte ich. Ist es wirklich schön, wenn jemand in seinem Leben nie das Gefühl von Einsamkeit erfahren hat? Solche einsamen Stunden sind nicht einfach zu leben – aber eines Tages zu sterben und im ganzen Leben nicht einmal einsam gewesen zu sein? Dieses Gefühl nie kennengelernt zu haben? Ich möchte die einsamen und dunklen Stunden in meinem Leben nicht missen, sie waren nicht leicht – aber in ihnen ist oft etwas gewachsen:

Die Sehnsucht, der Mut, etwas zu ändern, eine Entscheidung … solche Stunden gehören zu einem Leben in Fülle dazu.

Das ist Tod und Auferstehung, das ist Karfreitag und der Ostermorgen, Tiefen und Höhen. Und wenn ich die Tiefen wegnehme, dann werden auch die Höhen nicht mehr so hoch sein. Dann nivelliert sich mein Leben, lebe ich nur noch auf irgendwelche Höhepunkte hin – und alles andere ist nichts wert. Dann lebe ich sozusagen in „Wartestellung" – irgendwann werd ich mal richtig leben: wenn erst das Häuschen abbezahlt ist, wenn erst die Kinder groß sind, wenn deren Ausbildung endlich rum ist.

„Leben in Fülle" meint Leben hier und jetzt, ohne Wenn und Aber und nicht erst dann, wenn … Sein Leben bewusst wahrzunehmen und es zu leben.

Ja, manchmal braucht das Mut. Denn wenn ich lebendig bin, dann passe ich in keine Schublade mehr hinein. Dann mag ich manchmal andere überraschen – und gelegentlich vielleicht sogar mich selbst. Denn Leben heißt auch „in Bewegung sein". Und das heißt auch, nicht liegenzubleiben, sondern immer wieder aufzustehen.

Wenn es um Gott und den Menschen geht, um Gott und mich, dann ist das oftmals keine nette Geschichte. Richard Rohr, ein nordamerikanischer Franziskaner, zitiert einen Rabbi und sagt: „Gott ist nicht nett, Gott ist kein Onkel, Gott ist ein Erdbeben." Geschichten mit Gott sind nicht per se nett … Geschichten mit Gott haben immer etwas mit dem Leben zu tun, und das ist ja nicht nur immer nett und hübsch und angenehm. Leben kann sehr radikal, sehr existentiell sein – und alles andere als bürgerlich …

Zugegeben, wir Menschen haben es gerne nett. Gemütlich, nicht anstrengend. Alles geht seinen Gang, man weiß, woran man ist. Man hat sich eingerichtet, arrangiert, lebt sein Leben.

Und oft genug versucht man dann auch, Gott in dieses Bild einzupassen, sozusagen zwischen Couchgarnitur und Garderobe, zwischen Gummibaum und dem schönen Kerzenständer, zwischen dem dekorativen Kreuz an der Wand und dem Flachbildfernseher.

Aber genau da passt Gott nicht hinein. Er ist nicht nett. Er ist nicht die schöne Verzierung, das dekorative Teelicht, das schöne Ikebana-Gesteck.

Gott fordert heraus. Und immer dann und dort, wo ich herausgefordert bin und werde, da wird es herb, anstrengend, lebendig, bewegt, – dann sind wir zum Wachsen herausgefordert, ist unser Lebendig-Sein gefragt.

Ja, nett ist das meistens nicht … aber ehrlich gesagt, so sehr ich meine Couch und den Fernseher mag – interessanter finde ich es schon, wenn mir der Wind um die Nase weht, wenn es mich ein wenig beutelt, wenn ich mich in den Sturm des Lebens hineinstellen kann, wenn ich nicht so einfach vor mich hinlebe, sondern gefragt, angefragt bin. Wachsen kann ich nur an Herausforderungen und daran, dass mir einer etwas zutraut, ja manchmal sogar zumutet. Nett ist das meistens nicht – aber lebendig durchaus!

„*Gäb es mehr als dieses Leben …*"

Ein Wunsch? Eine Hoffnung? Oder doch nur eine Frage? Gibt es mehr als dieses Leben? In dem Lied der Gruppe „Selig", aus dem diese Zeile stammt, gibt es keine Antwort darauf. Oder könnte der Titel „Von Ewigkeit zu Ewigkeit" vielleicht schon eine Antwort sein?

„Ewig" – ein Wort, das wir immer wieder benutzen, auch im Alltag, im Sinne von nie endend, immer, lange. Und natürlich kennen wir es aus dem religiösen Sprachgebrauch: „Von Ewigkeit zu Ewigkeit. Amen" oder „Ewiges Leben". Das Wort will aber eigentlich gar keine Zeitangabe sein, sondern durchbricht eher unser von Uhr und Kalender bestimmtes Denken. „Ewig" – das ist das „jenseits der Zeit liegende", das, was sich dem herkömmlichen Verstehen von Zeit und Raum entzieht. Damit wird es eher zu einem Begriff einer bestimmten „Qualität".

Das geschieht nicht erst irgendwann mal, sondern hier und jetzt. Und das verändert mein Leben, gibt ihm eine neue, eine andere Qualität.

„Gäb es mehr als dieses Leben, ich würde ewig mit dir gehen" – so heißt es in dem Lied der Gruppe „Selig". Jesus Christus macht aus diesem Wunsch, aus dieser Hoffnung eine Zusage: Es gibt mehr als dieses Leben, schon jetzt – weil er bei mir und mit mir ist.

Zur Auferstehung gerufen

Es gibt Sätze, Wörter, die ich einfach wunderschön finde! Da ist es fast so, als kommt etwas in mir ins Klingen! Aber es sind Sätze, mit denen ich mich zugleich eine ganze Woche in ein Kloster zurückziehen könnte, weil ich sie nicht verstehe, weil ich sie immer und immer wieder hin und her bewegen muss. Das sind solche Sätze wie: „Ich bin nicht einer der Auferstandenen; ich bin die Auferstehung. Alles, was hinstirbt, fällt meinem Leben anheim. Alles, was herbstet, strandet an meinem Frühling.", den der Theologe Hans Urs von Balthasar dem auferstandenen Christus in den Mund legt

Auferstehung – was heißt das? Was ist das? Und was ist der Unterschied zwischen einem Auferstandenen und der Auferstehung? Erste, spontane Antwort: Auferstehung bedeutet, durch den Tod hindurch zu neuem Leben zu kommen. Und auferstanden ist einer, der den Schritt gegangen ist.

Damit ist klar – es gibt „Auferstandene". Menschen wie Patricia, die, nachdem ihr Mann sie verlassen hat, am Boden lag und die sich wieder aufgerappelt und dabei zwei tolle Kinder groß gezogen hat. Oder Bernd, den die Diagnose „Krebs" aus der Bahn geworfen hat. Er war einige Wochen unansprechbar, hat dann aber den Kampf aufgenommen – und gewonnen! Es gibt Menschen, die durch den Tod hindurch gegangen sind und neu zum Leben zurückgefunden haben.

Tod – das ist mehr als „nur" der körperliche Tod, es gibt auch einen sozialen, einen psychischen Tod. Es gibt einen Tod, den man mitten im Leben stirbt. Und es gibt Menschen, die bei lebendigem Leib tot sind.

Manche schaffen es hervorragend, sich in diesem Zustand häuslich einzurichten. Sie brauchen keine Unruhe, keinen Aufbruch, und sie sind gelegentlich sogar ganz zufrieden damit. Bloß nichts ändern!

Okay – ich glaube, in diesem Sinne lässt sich durchaus das scharfe Jesus-Wort verstehen: „Lasst die Toten die Toten begraben!" (Matthäus-Evangelium, Kapitel 8, Vers 22). Wer tot sein und bleiben will – da lässt sich wenig machen. Im Kontext der geistlichen Begleitung gibt es einen Satz, der es ähnlich auf den Punkt bringt: „Wer sitzen bleiben will, braucht keinen Wegbegleiter!".

Und genau deshalb ist die Frage so wichtig, die Jesus dem Blinden stellt: „Was willst du, dass ich dir tun soll?" – er handelt nicht einfach und streut Heilung um sich herum aus. Und er erweckt auch nicht alle Toten zum Leben.

Man muss es schon wollen …

In diesem Sinne ist er die Auferstehung. Und das ist mehr, als einer der Auferstandenen zu sein. Auferstandene mag es ein paar geben – Jesus Christus ist derjenige, der es Menschen möglich macht, aufzustehen.

Ja, ich höre schon den Einwand: Es gibt Menschen, die das auch ohne Glauben und Kirche und Gott schaffen! Vollkommen einverstanden!

Es sind Menschen, in denen eine starke Kraft wohnt – und ganz vorsichtig könnte ich jetzt sagen, dass es eine Kraft sein könnte, die von Gott kommt. Aber das wäre nicht fair. Damit würde ich solche Menschen „vereinnahmen", und das will ich nicht. Deshalb sag ich lieber gar nichts dazu, sondern freue mich einfach nur mit ihnen daran, dass es möglich ist!

Also: Man kann es eventuell auch ohne Gott „schaffen", aber ich finde es „mit Gott" leichter. Deshalb ist Jesus Christus für mich „die Auferstehung". Er ist sozusagen das „Prinzip", das mich vom Tod zum Leben führen will. Und er redet nicht nur theoretisch darüber, sondern lebt es uns auch vor.

Mein Tod fällt in sein Leben hinein – das ist größer als alles und umfängt mich. Mein Herbst kann durch ihn zum Frühling werden. Wo ich Tod sehe, sieht er Leben. Wo ich Ende spüre, sagt er Anfang.

leben

sich entwickeln
blühen
wachsen

und
dann

der stacheldraht
das kreuz

das grab
der stein

tod
dunkel
nacht

und du
und ich
zwischendrin

verloren
einsam

keine hoffnung
keine idee
keine zukunft

aber leben
geht weiter

entwickelt sich
wächst
blüht

und überwindet
alle
grenzen

leben
kann nicht
aufgehalten werden

leben
lebt
hier und jetzt

das nimmt
den stacheldraht
nicht weg

aber leben
findet immer
einen neuen weg

ostern

Auferstehung leben – wie macht man das?

Auferstehung – das ist ein großes Wort! Und wie „lebt" man eigentlich „Auferstehung"? Und welche Auferstehung? Die von Jesus Christus? Oder die ganz eigene – „mitten im Tag", wie es in einem neueren Kirchenlied besungen wird?

Ein Blick in die Bibel lohnt sich. Dort kann man erfahren, wie ein Mensch, eine Frau, mit der Auferstehung Jesu umgeht – und dabei wohl auch ganz persönlich ihr „Fest der Auferstehung mitten im Tag" erlebt …

Die Frau ist Maria von Magdala, ihre Geschichte steht im 20. Kapitel des Johannes-Evangeliums. Darin finden wir zwölf mögliche Hinweise, wie man Auferstehung leben kann – die von Jesus Christus – und die eigene.

Die Vorgeschichte ist bekannt, Johannes berichtet von der Kreuzigung Jesu und seinem Tod. Unter seinem Kreuz harrte unter anderem Maria von Magdala aus, eine enge Gefährtin Jesu. Jesus selbst wird in einem Grab in einem nahen Garten beigesetzt.

Am Sabbat der Juden passiert dann erst einmal gar nichts, wovon der Evangelist Johannes berichten könnte. Seine Erzählung setzt aber am ersten Tag der Woche wieder ein, als Maria von Magdala früh am Morgen, noch ist es dunkel, zum Grab kommt und sieht, dass der Stein vor dem Grab weggewälzt ist. Sie ahnt, dass etwas passiert sein muss und rennt zurück, um Petrus, und den Jünger, den Jesus liebte, zu informieren. Und dann kommt diese nette Episode, wie die beiden zum Grab rennen, der eine schneller ist als der andere, dann aber doch wartet. Sie gehen in das Grab hinein, sehen die Leinenbinden und das Schweißtuch – und kehren nach Hause zurück. Wahrscheinlich waren sie ein wenig ratlos, verblüfft, verunsichert …

Maria aber bleibt. Sie steht draußen vor dem Grab und weint. Und das wäre der erste Hinweis: Auch wenn ich mir manches nicht erklären kann, wenn ich manches nicht verstehe – aushalten, bleiben, nicht flüchten. Manche verdrängen den Tod, wollen ihn nicht wahrhaben. Manchmal steht man ratlos und kopfschüttelnd vor Dingen, die man nicht versteht. Dies gilt sowohl im persönlichen Umfeld wie auch im Bereich von Organisationen und sozialen Systemen. Maria geht zum Grab hin und bleibt da, selbst, als etwas für sie Unverständliches geschehen ist. Sie bleibt da, mit all ihrer Trauer, mit all ihren Tränen.

Und dann beugt sie sich in die Grabkammer hinein … unter Tränen. Sie macht nicht die Augen zu, sondern sie schaut hin, sie schaut es sich an – so gut es eben mit tränenverschleierten Augen geht. Das wäre der zweite Hinweis: Genau hinschauen! Versuchen zu erkennen, was geschehen ist.

Und gleich der dritte Hinweis: Weinen über das, was man verloren hat! Die Tränen, die Trauer dürfen ihre Zeit haben. Manchmal frage ich mich schon, ob wir in unserer Kirche auch trauern dürfen – oder ob wir gleich schon alle neuen Perspektiven in den Blick nehmen und planen müssen …

Plötzlich sieht Maria zwei Engel dort sitzen! Spannend – die beiden Jünger haben keine Engel gesehen. Mag es daran liegen, dass sie versucht haben, mit dem Kopf zu verstehen, was passiert ist, Maria aber mit dem Herzen, mit den Augen der Liebe schaut? Dass nur der- oder diejenige, die auch weinen können, in der Lage sind, Engel zu sehen? Dann fragen die Engel: „Frau, warum weinst du?". Sie ignorieren die Tränen nicht einfach, sie sagen nicht, dass sie eigentlich gar nicht zu weinen braucht, sie nehmen sie ernst. Und Maria lässt sich ansprechen, lässt sich sozusagen berühren von der Frage, kommt in Kontakt mit diesen seltsamen Wesen – und antwortet! Durch dieses „sich-berühren-lassen", durch dieses „offen-sein" für eine andere Dimension, kann Maria zur Sprache bringen, was sie bewegt – sie kann einen „Ein-druck" zum „Aus-druck" bringen. Etwas zum „Aus-druck" bringen, was sich in mich „ein-gedrückt" hat, kann heilende Funktion haben. Wenn ich Dinge beim Namen nennen kann, werde ich neu handlungsfähig, ich kann wieder etwas „machen", bekomme „Macht". Das ist schon beim Märchen vom Rumpelstilzchen so, als die Königin den kleinen Zwerg bei seinem Namen nennt – und das ist, was der Prophet Jesaja meint, wenn er sagt: „Ich habe dich bei deinem Namen gerufen – du bist mein!" (Jesaja Kapitel 43, Vers 1).

„Man hat meinen Herrn weggenommen, und ich weiß nicht, wohin man ihn gelegt hat." In der Trauer, in der Verzweiflung ist es wichtig, dass der Trauernde ausdrücken kann, was ihn bewegt, dass er neu zur Sprache kommen kann – immer und immer wieder. Es gehört sozusagen zum Heilungsprozess dazu. Indem ich es ausspreche, lerne ich, es zu akzeptieren. Das, was innen war, kann nach außen kommen und wird damit auch leichter bearbeitbar. Wenn ich in der Lage bin, mir einzugestehen und es sogar auszusprechen, dass ich einsam bin oder Angst habe, dann werde ich eher in der Lage sein, damit umzugehen und die nächsten Schritte zu gehen. Das wäre der vierte

Hinweis: Indem ich das zur Sprache bringe, was mich bewegt und beschäftigt, mich ansprechen lasse und mich nicht in mich verkrieche, kann ich Schritt für Schritt mich wieder dem Leben zuwenden. Und genau das tut Maria jetzt: Sie wendet sich um. Sie dreht sich vom Grab, vom Tod weg in Richtung Garten, in Richtung Leben. Sie verharrt nicht im Tod, sie nistet sich nicht im Grab ein, sondern dreht sich um. Das Leben und der Garten waren längst da, aber weil sie auf das Grab und den Tod geschaut hat, konnte sie das Leben nicht mehr sehen ... Fünfter Hinweis: Die Perspektive wechseln. Oder wie es jemand mal gesagt hat: „Wer den Tod hinter sich hat, hat das Leben vor sich".

Und in dem Moment, in dem sie sich umwendet, geschieht es: Sie sieht Jesus dastehen, erkennt ihn aber nicht, weil er wie ein Gärtner aussieht. Welch ein wunderschönes Bild für den Auferstandenen! Ein Gärtner, einer, der es mit dem Leben und Wachsen und Grünen und Blühen zu tun hat. Einer, der wahrscheinlich Erde an den Händen kleben hat, und eher in Arbeitsklamotten statt in Festtagskleidung.

Ein sechster Hinweis: Wenn man sich dem Leben zuwendet, ist der Auferstandene schon da, auch wenn man ihn nicht erkennt – und es mag sein, dass der Auferstandene nicht wie ein Auferstandener aussieht. Für Maria allerdings verändert sich allein dadurch, dass sie sich umwendet, noch gar nichts, sie weint immer noch. Und so muss der „heilende Schritt" eben noch einmal wiederholt werden. Jetzt fragt Jesus sie: „Frau, warum weinst du? Wen suchst du?" – noch einmal die Chance, etwas zum Ausdruck bringen zu können. Jesus braucht die beiden Fragen nicht, er kennt die Antworten. Maria braucht die beiden Fragen, um ein zweites Mal das sagen zu können, was sie bewegt. Und noch einmal lässt Maria die Berührung, das Angesprochen-Sein zu – und ihre Antwort zeigt uns, dass sich vielleicht doch schon etwas in ihr getan hat: „Herr, wenn du ihn weggebracht hast, sag mir, wohin du ihn gelegt hast. Dann will ich ihn holen." Ihre erste

Antwort auf die Frage der Engel war ichbezogen: „Man hat … und ich weiß nicht …". Diesen Gärtner spricht sie direkt an. Jetzt ist da plötzlich eine handelnde Dimension in ihrer Antwort: „Dann will ich ihn holen." Die Wendung hin zum Leben kann dazu führen, dass ich Menschen wieder wahrnehme, sie als „du" ansprechen kann und erste Ideen habe, was ich tun könnte. Und dann ist Heilung eigentlich schon auf einem guten Weg …

Der siebte Hinweis: Mich nochmal berühren und ansprechen lassen, antworten, die Außenperspektive in den Blick nehmen, überlegen, was man eventuell tun könnte …

Und da nennt Jesus sie dann bei ihrem Namen: „Maria!" Sie wird angesprochen als Individuum, als einzigartige Person, nicht mehr nur einfach als „Frau". Dadurch, dass sie „ich" und „du" sagen kann, dass sie in Beziehung treten kann mit diesem vermeintlichen „Gärtner", dass sie ins Handeln kommen kann, wird der nächste Schritt möglich. Dadurch wird sie zum Individuum. Schließlich hätte Jesus auch gleich zu ihr sagen können: „Maria!" – aber dann hätte er ihr etwas weggenommen, was sie zu ihrem Wachsen, was sie für ihre Entwicklung gebraucht hat. Manchmal muss man in ein „du" erst hineinwachsen, indem man „ich" wird. Oder wie es Martin Buber sagt: „Der Mensch wird am du zum ich". Achter Hinweis: In Beziehung zu den anderen treten – am „du" des anderen „ich" werden. Und: Das „du" des vermeintlichen Gärtners dabei nicht gering schätzen. Manche warten so sehr auf die herausragende österliche Erscheinung, dass sie alle Menschen in ihrem Alltag links liegen lassen – sie scheinen ihnen ein „du" nicht wert zu sein. Aber Gott zeigt sich manchmal im Gärtner oder im Klempner oder der netten Frau an der Theke in der Bäckerei. Und ich glaube, erst wenn ein „du" zu konkreten Menschen möglich ist, kann es auch ein „du" zu Gott geben. Wie will ich zu Gott „du" sagen, wenn ich es bei den Menschen nicht kann? Aber da stocke ich schon. Manchmal mag es auch umgekehrt sein. Manchmal wird es das „du" von Gott brauchen, damit ich auf die Menschen zugehen kann. Wenn ich mich nicht annehmen kann, wenn ich aufgrund dessen nicht auf andere zugehen kann, dann kann es sein, dass auch nur die Zusage, dass Gott bei mir und mit mir ist, mich zum „ich" werden lassen kann …

In dem Moment, als Maria erkannt wird und sich erkennen lässt, wendet sie sich Jesus zu. Aus der allgemeinen „Wendung" in Richtung Leben, weg vom Tod, wird die Wendung zu Jesus – denn er ist das wahre Leben.

Neunter Hinweis: Sich von Gott erkennen lassen – damit ich mich Gott zuwenden kann. Das finde ich persönlich grad einen spannenden Punkt: Wir machen so viel und sind so aktiv … aber vielleicht geht es einfach darum, sich nur „finden zu lassen", sich von Gott beim Namen nennen zu lassen?

Als Maria sich ihm zuwendet, sagt sie nur ein Wort: „Rabbuni!" (hebr. Meister) – sie hat sich erkennen lassen und erkennt ihn. Da braucht es nicht viele Worte. Spannend ist die Antwort Jesu: „Halt mich nicht fest!"

Ich darf das „Unbegreifliche" nicht zu begreifen versuchen. Und: Ich kann solche Momente des Lebens nicht festhalten. Ich kann und darf sie genießen, aber ich kann sie nicht konservieren. Das ist der zehnte Hinweis. Denn Auferstehung heißt nicht, verzückt vor dem Herrn zu sitzen und ihn anzuhimmeln und auf dieser Insel der Seligen zu bleiben. Stattdessen gibt es neue Aufträge: „Geh zu meinen Brüdern und sag ihnen …".

Auferstehung leben heißt: Ins Handeln kommen. Das ist der elfte Hinweis.

Maria geht – und das ist der zwölfte Hinweis. Sie löst sich von dem Moment der Verzauberung, der Begegnung, der Berührung – und führt das aus, was Jesus ihr aufgetragen hat. Sie verlässt Jesus und geht zu den Jüngern. Und das mag unsagbar schwer gewesen sein … Da steht Jesus im Garten,. Er lebt! Und er schickt sie weg – mit einem Auftrag … und sie geht …

Ja, mag sein, dass man so Auferstehung lebt …

1. Bleiben – auch wenn ich manches nicht verstehe
2. Hinschauen! Wahrnehmen!
3. Trauern dürfen!
4. Mich ansprechen lassen – und Eindrücke zum Ausdruck bringen
5. Die Perspektive wechseln – auf das Leben schauen
6. Darauf vertrauen, dass der Auferstandene schon da ist, wenn ich mich dem Leben zuwende
7. Mich vom Leben berühren lassen – und überlegen, was ich tun kann
8. In Beziehung kommen – am „du" zum „ich" werden
9. Sich erkennen lassen
10. Nicht festhalten
11. Den Auftrag entgegen nehmen …
12. … und ihn ausführen

Ich persönlich glaube, das ist keine schlechte Regieanweisung, auch für unsere Kirche derzeit – und für das eigene Leben sowieso.

Ach ja … ein letzter Hinweis: Beim ersten Mal rennt Maria zu den Jüngern, beim zweiten Mal geht sie – zumindest nach dem Text der Einheitsübersetzung.

Also – rennen brauchen wir nicht, wenn wir Auferstehung leben wollen … aber unser Gehen ist schon gefragt …

Zeit zum Aufstehen?

Eigentlich ist Bianca viel zu jung, um schon Probleme mit dem Herzen zu haben. Zum Glück wurde der unregelmäßige Herzschlag bei einer Kontrolluntersuchung entdeckt und ein kleiner Eingriff sollte das schwache Herz stabilisieren. Alles verlief gut – aber ihr Arzt riet ihr dringend, regelmäßig an einer speziellen Sportgruppe für Herzkranke teilzunehmen.

Besonders angetan war Bianca von diesem Vorschlag nicht, aber ihr leuchtete die Notwendigkeit durchaus ein. So kaufte sie sich eine Gymnastikmatte und einen neuen Jogging-Anzug und erschien an einem Mittwochabend das erste Mal in der Turnhalle, wo sich die Gruppe traf. Sie stellte sich der Leiterin kurz vor und diese zeigte eher unbestimmt in eine Ecke des Raumes. Bianca rollte die Matte dort aus, setzte sich darauf und harrte der Dinge, die da kommen sollten.

Was kam, war eine ältere Dame, die ziemlich energisch auf sie zusteuerte, sich vor ihr aufbaute und mit deutlicher Empörung ausrief: „Ich lieg schon seit zwölf Jahren hier!".

Und da Bianca das Gefühl nicht loswurde, dass diese Dame auch gerne die nächsten zwölf Jahre hier liegen wollte, nahm sie ihre Matte und zog einige Meter weiter.

„Ich lieg schon seit zwölf Jahren hier!" – für solche Menschen geschieht eigentlich Ostern, geschieht Auferstehung. Zeit zum Aufstehen! Und wir könnten es schaffen, weil einer es uns vorgemacht hat. Da sagt uns einer: Komm! Probier mal was anderes! Bleib nicht da liegen, wo du immer lagst! Steh auf! Nimm deine Matte und geh los!

Klar wird damit aber auch, dass es durchaus Menschen gibt, die gar nicht aufstehen wollen. Die wollen da liegenbleiben, wo sie immer schon gelegen haben. Die wollen, dass alles so bleibt, wie es ist, dann kent man sich aus. Bloß nichts ändern! Im übertragenen Sinn aber steht so eine Haltung, eine solche Einstellung für „Tod". Sie sind „fertig" mit sich und der Welt, haben es sich gemütlich eingerichtet und wollen gar nichts anderes. Okay … darf ja auch sein, wenn es wirklich das ist, was sie möchten.

„Lass die Toten die Toten begraben", Jesus äußert sich da ziemlich eindeutig. Er verurteilt es nicht, er nimmt es einfach zur Kenntnis. Aber er drängt auch niemanden zum Aufstehen. Es steht einem durchaus frei, auch die nächsten Jahre dort liegen zu bleiben.

Aber es gib ja das Prinzip Hoffnung: Ostern wird immer wieder geschehen. Und keine Sorge: Die Einladung gilt – auch über die nächsten zwölf Jahre hinaus.

Ich bin – Auferstehung und Leben

Ein neuer Schritt scheint anzustehen … ja, durchaus vorstellbar, Brot, Licht und Tür zu sein, wenn man ein wenig Phantasie hat. Und auch der Gute Hirte ist noch ins eigene Leben übertragbar.

Aber – ich bin die Auferstehung? Das ist mehr als nur ein „sein", das ist ein „werden". Das ist nicht nur ein Symbol, das ist ein Prozess. Auferstehung heißt: Aus dem Tod zum Leben!

Jetzt kommt auf einmal Bewegung ins Spiel. Wenn ich Auferstehung bin, dann reicht es nicht aus, mich nur auferwecken zu lassen, etwas passiv an mir geschehen zu lassen, einfach nur „zu sein".

Auferstehung – ich stehe auf! Ich mache mich bereit für den Weg. Ich rolle den Stein vor meinem Grab weg, schüttle die Leinenbinden ab und gehe dem Leben entgegen. Ich lasse den Tod hinter mir und folge meiner Sehnsucht, die mir den Weg weist. Aus der Nacht gehe ich in das Licht des Morgens hinein, vielleicht noch ein wenig zögernd, ein wenig unsicher – aber ich setze Schritt vor Schritt. Und ich halte mein Gesicht in die Sonne, noch ein wenig blinzelnd, aber vertrauend.

Und indem ich diesen Schritt ins Leben mache, kann ich andere dazu ermutigen, ihre Gefängnisse des Todes zu verlassen, sich dem Leben zuzuwenden, die Fesseln abzuwerfen, den Übergang zu riskieren.

Das muss kein großes, spektakuläres Ereignis sein. Manchmal kann Auferstehung in einer ganz einsamen Stunde mitten in der Nacht geschehen, wenn ich eine Entscheidung treffe, wenn ich den Mut finde etwas loszulassen. Mit Sicherheit sind keine Fernsehkameras dabei und kein Reporter, der mir ein Mikrophon vor den Mund hält. Und es gibt auch keinen Kirchenchor, der festlich ein „Halleluja" singt.

Als das Licht des Morgens anbricht, ist das Grab leer.

Mein Grab ist leer.
Ich bin nicht mehr tot.
Ich lebe wieder.

Ich habe den Schritt gewagt.

Aufstehen zum Leben

In einem Lied heißt es: „Manchmal feiern wir mitten im Tag ein Fest der Auferstehung". Aber ist das nicht paradox – Auferstehung mitten im Leben? Auferstehung, das ist die wie in einem Crescendo anwachsende Freude über das Geheimnis Leben, das in Christi Auferstehung Wirklichkeit geworden ist. Und damit beginnt in uns das Glauben und Hoffen, dass wir am Ende unseres Lebensweges einen Neubeginn in der Ewigkeit geschenkt bekommen. Aber soll es nur eine Endzeiterfahrung sein? Kann so etwas wie „Auferstehung" nicht auch schon jetzt um uns herum geschehen, wenn wir es nur zulassen?

Viele gehen ihrer täglichen Routine nach, leben eingebunden in die Netzwerke ihres Lebens: die Familie, die Nachbarschaft, das Kollegium oder die Kirchengemeinde. Sie handeln nach Regeln und Normen und reagieren wie es gesellschaftlich von ihnen erwartet wird. Niemand kann ihnen vorwerfen, dass sie ihren Pflichten nicht nachgehen. Im Gegenteil – oft sind sie die Zuverlässigen, die Gesetzestreuen und Verantwortlichen –, und dennoch oder gerade deswegen geht von ihnen eine Kühle und Distanz aus. Man kommt nicht an sie heran. Nichts an ihnen lädt ein, eine Beziehung zu wagen, denn wir spüren keine Wärme oder Offenheit.

Nur wer näher hinschaut, erkennt, dass ihr Gesicht zu einer Maske erstarrt ist. Und nur wer diese zu lesen weiß, erkennt die emotionslose Mondlandschaft ihres tiefsten Innersten. Der Körper funktioniert, aber die Seele kann nicht mehr. Da ist Leere und Leblosigkeit. Hoffnung und Zuversicht, Freude und Begeisterung gehören einer lang vergessenen Vergangenheit an. Wie lebendige Tote und tote Lebende wandern solche Zeitgenossen ziellos durch ihr Leben. Warum und wohin, das wissen sie nicht mehr. Sie setzen Schritt um Schritt, einfach aus purer Routine heraus. Die Dunkelheit ihrer Misere hat ganz von ihnen Besitz ergriffen, sie lassen alles hilflos geschehen. So zu leben ist oft das Einfachste, fühlt sich wie die beste Lösung an.

Wie sind sie dazu gekommen, einen Pakt mit dem Tod zu schließen, zu akzeptieren, dass Leben schon vor dem Tod ein Ende hat? Manchen wurde bereits früh durch Ablehnung, Vernachlässigung und Gewalt die Lust am Leben geraubt. Solche Erfahrungen zeichnen und schlagen tiefe Wunden. Eine Sehnsucht nach einem anderen Leben bleibt und krampft das Innerste zusammen. Doch nichts kann diesen Hunger mehr stillen, auch nicht Alkohol, Drogen, Medikamente, Essen, Sex, Stress ... die Leere bleibt und jener Konsum von Ersatzmitteln leitet nur den nächsten Schritt der Selbstzerstörung ein. Zwar gibt es diese Momente des ‚Highs‘, doch diese verflüchtigen sich schneller als sie gekommen sind. Was bleibt, ist eine kalte und dunkle Wirklichkeit, voller allumfassender Depression und mühsamer Schwermut. Da geht nichts mehr, außer vielleicht neue Formen der Selbstbestrafung zu finden oder lautlose Hilfeschreie aus der inneren Todesstille aufsteigen zu lassen. Solche Menschen haben den Boden unter den Füssen verloren. Sie fallen. Sie erstarren. Es braucht jemanden, der ihnen Licht und Wärme sein und damit Mut schenken kann, so dass sie sich nicht ihrem Schicksal ergeben, sondern es wagen, sich daraus zu erheben.

Viele am Boden zerstörte Menschen schreien aus ihren stummen Seelen heraus. Wer hört sie? Wer hat ein Ohr und ein Auge, ein empfindsames Herz, um die kleinen Gesten der Einsamkeit, der Angst oder der Verzweiflung hinter der Tarnung von Normalität zu entdecken?

Wir wissen und ahnen es manchmal, wie es um den anderen steht, aber wir bleiben dennoch oftmals auf Abstand. „Das ist nicht unsere Sache." – „Das geht uns doch nichts an." – „Wir sollten nicht vor anderer Leute Tür kehren." – diese Aussagen haben schon in manche Katastrophe geführt. Eine Frau wird im Hinterhof vergewaltigt, aber keiner will etwas gehört oder gesehen haben. Ein alter Mann wird auf dem Bahnsteig brutal zusammen geschlagen, ein schmächtiges Kind mit Sommersprossen und dicken Brillengläsern wird in der Schule gemobbt, ein verletzter Ausländer liegt am Straßenrand – und wir lassen es geschehen ohne einzugreifen. Solche tragischen Geschichten gibt es Tag für Tag, auch in unserem direkten Umfeld. Wir wissen um die suizidgefährdete Nichte, den mit Angst erfüllten Freund, den traumatisierten Nachbarn, die von Krebs gezeichnete Kollegin und wenden uns ab, anstatt mit ihnen diese Augenblicke auszuhalten, die sich wie ein Sterben im Leben anfühlen. Ihre stumme Bitte oder auch den grellen Schrei, ihr immer leiser werdendes Wimmern mögen wir vielleicht hören, doch letztlich überhören wir sie. Irgendwie haben wir uns davon überzeugt, dass jemand besser helfen kann als wir, bauen wir darauf, dass jemand kommen wird, um einzugreifen, reden wir uns ein, dass es nicht unsere Pflicht ist, den edlen Samariter und beherzten Retter zu spielen. Wir könnten ja selbst gefährdet werden. So geschieht nichts.

Aber vielleicht macht dies auch uns, die wir lieber Zuschauer am Rande eines Geschehens bleiben, zu „Gezeichneten", Menschen, die erstarren und nicht mehr aufbrechen aus ihrem Ego, die nicht mehr heraustreten, um Leben wachzurütteln, zu beleben, sondern sich mit dem Status Quo zufriedengeben.

Leben ist uns geschenkt, aber nicht nur für uns selbst. Als Christen (vgl. 1. Kor 12) sind wir gefragt, das Leben Jesu, des Auferstandenen schlechthin, anderen nahezubringen, in dem wir uns ihnen zuwenden und ihnen Liebe zuteil werden lassen. So kann ein neuer Lebensfunke überspringen.

Auferstehung, das heißt, den Tod abzuschütteln, die Erstarrung zu lösen, zu neuer Lebendigkeit zu erwachen und dann aufzustehen. Das heißt aber auch, keinen liegen zu lassen, sondern geistliche und emotionale Wiederbelebungsversuche zu wagen. Denn Gott will unser aller Leben (vgl. Ezechiel 33,11). Nicht Flachgemachte, Umgestürzte oder Gefallene sind wir. Nein, wir sind ins Leben Erlöste. Das feiern wir am Osterfest, aber nicht nur zu Ostern, sondern an jedem Tag neu – in uns und für andere.

Sr. Ulrike Diekmann cps

Ich bin

Der Weg, die Wahrheit und das Leben

Ich bin der Weg
und die Wahrheit
und das Leben

Jesus sagte: Euer Herz lasse sich nicht verwirren. Glaubt an Gott, und glaubt an mich! Im Haus meines Vaters gibt es viele Wohnungen. Wenn es nicht so wäre, hätte ich euch dann gesagt: Ich gehe, um einen Platz für euch vorzubereiten? Wenn ich gegangen bin und einen Platz für euch vorbereitet habe, komme ich wieder und werde euch zu mir holen, damit auch ihr dort seid, wo ich bin. Thomas sagte zu ihm: Herr, wir wissen nicht, wohin du gehst. Wie sollen wir dann den Weg kennen? Jesus sagte zu ihm: Ich bin der Weg und die Wahrheit und das Leben; niemand kommt zum Vater außer durch mich.

Johannes-Evangelium, Kapitel 14, Verse 1 – 6

Auf dem Weg sein

Die Situation, in der Jesus diese Worte sagt, ist eine ganz besondere: Zusammen mit seinen Jüngern hat er das Abendmahl, sein Abschiedsmahl, gefeiert, nachdem er ihnen als Zeichen seines Dienstes die Füße gewaschen hat. Er hat von dem gesprochen, der ihn verraten wird – und Judas hat die kleine Gruppe sofort verlassen. Jetzt nimmt Jesus Abschied von seinen Jüngern, und es gibt einiges, was er ihnen gerne noch auf ihrem Weg mitgeben mag.

„Euer Herz lasse sich nicht verwirren. Glaubt an Gott, und glaubt an mich!" – Jesus weiß genau, wohin sein Weg ihn führen wird. Vor ihm liegen schreckliche Stunden – seine Gefangennahme, die Kreuzigung, der Tod.

Seine Jünger wird das, was sie in den nächsten Stunden erleben müssen, vollkommen verwirren. Der, auf den sie ihre Hoffnungen gesetzt haben – gekreuzigt! Der, dem sie geglaubt haben – tot!

Noch wissen sie nicht, was ihnen bevor steht. Ob sie dieses Wort Jesu wirklich mit ihrem Herzen hören? Ob sie es vielleicht in ihrem Herzen aufheben, auch wenn sie es noch nicht verstehen?

„Den Weg dorthin kennt ihr!" – sagt er. Aber nein, es scheint nicht der Fall zu sein. Thomas fragt nach. Und damit erfüllt er eine wichtige Aufgabe für die Gruppe der Jünger – er stellt die Fragen, die sich keiner zu fragen traut. Er stellt das in Zweifel, was keiner zu bezweifeln wagt.

Jesus braucht solche Jünger. Er will nicht die „Ja-und-Amen"-Sager, er will die, die mitdenken, die skeptisch bleiben, mehr wissen wollen, nachfragen.

Und deshalb geht er auf die Frage von Thomas auch sehr ernsthaft ein. Er, Jesus selbst, ist der Weg – und nur Jesus weiß in diesem Moment, was das wirklich alles beinhaltet und was noch kommen wird. Der Weg wird durch Dunkel und Abgründe hindurch gehen, durch Verzweiflung und Hoffnungslosigkeit, durch Schmerz und Trauer. Und all dies, im wahrsten Sinn des Wortes, in abgrundtiefer Verbundenheit mit all den Menschen, die dieses auch erleiden und ertragen müssen.

Aber sein Weg wird dort nicht enden. Er wird sich aus dem Grab und dem Tod, dem Ende und dem Dunkel emporschwingen ins neue Leben, in den neuen Anfang, ins Licht. Das ist Auferstehung.

Und er wird all diejenigen mitnehmen, die in ihren Gräbern des Todes, der Perspektivlosigkeit, der Hoffnungslosigkeit, der Angst, begraben und verschüttet sind. Auf einigen alten Ikonen wird Jesus als derjenige dargestellt, der in den Abgrund der Hölle hinabsteigt, die Menschen, die sich dort aufhalten, an ihrem Handgelenk packt und mit sich ins Licht des Ostermorgens, in das Licht der Auferstehung emporzieht.

Er ist der Weg.

Und er ist die Wahrheit.

Er lebt, was er sagt – und sagt, was er lebt.

Und er nimmt kein Blatt vor den Mund. Er konfrontiert mit den Realitäten.

Er redet nichts schön oder fein.

Es gibt das Dunkel, es gibt den Abgrund, es gibt den Tod. Und er kann es nicht wegnehmen.

Wir Menschen müssen hindurch. Und Jesus, der Mensch, nimmt all das auch auf sich, um uns ganz nahe zu sein. Um uns zu zeigen, dass der Tod nicht das letzte Wort hat.

Er ist da. Mitten im Tod, in all unserer Trauer, in unserer Verzweiflung. Er ist an unserer Seite, er legt uns seine Hand auf die Schulter, mag sein, er schweigt.

Aber er geht mit. Mehr noch – er geht uns voraus und zeigt uns den Weg. Er zeigt uns, wo es hingeht.

Er ist das Leben.

Er ist das Leben, das stärker ist als aller Tod. Er ist die Hoffnung wider alle Hoffnungslosigkeit. Er ist der Trost in meiner Trauer.

Der Weg geht in Richtung Leben – Auferstehung.

Das Grab ist leer, der Stein weggerollt, das Kreuz war – aber ist nicht mehr.

Noch können seine Jünger diese Worte nicht verstehen. Und es mag sein, dass wir diese Worte auch nicht verstehen.

Es kann einfach wichtig sein, diese Worte im Herzen aufzubewahren, wie in einem kleinen Schatzkästlein. Vielleicht können wir sie eines Tages brauchen. Vielleicht haben sich auch die Jünger damals irgendwann wieder daran erinnert. Aber da bin ich mir eigentlich ganz sicher – wieso hätten sie sie sonst weitererzählt und schließlich sogar aufgeschrieben?

Und es mag sein, dass sich ihnen, irgendwann später, erst die Bedeutung dieser Worte erschlossen hat …

Irgendwann, als sie Jesus als dem Auferstandenen begegneten … als sie langsam ahnten, dass der Weg zum neuen Leben durch den Tod hindurch führt. Dass ihnen Jesus nichts versprochen hat, was er nicht selbst einlöste und vorlebte. Und dass sein Vorbild dazu einlädt, durch alles Dunkel unseres Lebens ihm nachzufolgen.

Er macht uns nichts vor. Er redet das Leben nicht schön.

Er lebt – allen Toden zum Trotz!

Und er lädt uns dazu ein.

Bis auf den Grund gelebt

Die größten und reinsten Stunden in unserem Leben sind die, in denen wir bis auf den Grund gelebt, bis auf den Grund genossen, bis auf den Grund gelitten und bis auf den Grund gegeben haben. Aber wie wenige solcher Augenblicke hat es gegeben im Gegensatz zu den langen Strecken, die wir verschüchtert, vorsichtig und berechnend gegangen sind.

Elsa Brandström

Elsa Brandström hat bis auf den Grund gelebt, bis auf den Grund genossen, bis auf den Grund gelitten und bis auf den Grund gegeben. Im Ersten Weltkrieg war sie für die deutschen Kriegsgefangenen der „Engel von Sibirien", nach dem Zweiten Weltkrieg hat sie von den Vereinigten Staaten aus die CARE-Pakete für die hungernden Menschen in Deutschland organisiert. Sie ist eine Frau, die das menschliche Leben sicher in all seinen Facetten gekannt und erlebt hat.

Bis auf den Grund … das ist tief, abgrundtief – und zugleich gipfelhoch. Das ist Leben. Nur wer den Grund erfahren hat, wird auch um die Höhen wissen.

Aber wie wenige solcher Augenblicke hat es gegeben im Gegensatz zu den langen Strecken, die wir verschüchtert, vorsichtig und berechnend gegangen sind.

Bis auf den Grund zu leben, das kann anstrengend und hart sein, das fordert heraus, das macht es nicht immer leicht. Deshalb tendieren wir dazu, das Leben zu nivellieren. Wir versuchen, das Dunkel, das Leid, die Trauer nicht an uns heran zu lassen – weil es weh tut.

Aber dabei gehen uns dann auch die Höhen verloren. Wer nivelliert lebt, sich auf ein gewisses Niveau eingependelt hat, dessen Leben mag bequem geworden sein, aufregend ist es nicht mehr. Und von bis „auf den Grund" ist dann drei Mal nichts zu spüren.

Bis auf den Grund gelebt, bis auf den Grund genossen, bis auf den Grund gelitten und bis auf den Grund gegeben … ja, das gab es und gibt es – immer wieder einmal in meinem Leben. Es sind Sternstunden – nicht immer leicht, nicht immer schön, aber tiefe und intensive Stunden. Das Sterben meiner Mutter gehört dazu, eine Erfahrung mit Gott in einer kleinen romanischen Kirche im Elsass, der Moment bei einer Beerdigung, in denen ich selbst den Tränen nahe war. Die Umarmung eines Freundes, wenn wir uns unsagbar nahe sind, die Pfote, die mir ein Hund vertrauensvoll entgegenstreckt. Das sind meine Tränen, als ich meinen Vater ins Pflegeheim begleiten musste; das ist eine Situation in einem kleinen Pfarrhof in Rheinhessen, unter strahlendem Herbsthimmel, ein Glas Sekt in der Hand, und aus dem CD-Player klingt laut das Lied von Shirley Bassey „I am what I am" – und ich bin nur voll Leben; das ist die Sorge und das Nachgehen um einen Menschen, dem die Ärzte gerade das Todesurteil sagen mussten; das ist das Gefühl, ganz tief in mir, wenn der Priester am Altar die Hostie erhebt, die Ministranten mit den Altarglocken schellen, der Weihrauch emporsteigt. Das ist der Moment, in dem ich von einem Text denke, er ist gelungen; in dem ich einem Menschen wirklich nahe bin; ein Moment, in dem ich mir nahe bin – und Gott nahe bin. Sternstunden meines Lebens …

Stunden, Minuten, vielleicht nur Sekunden, in denen wir bis auf den Grund gelebt, bis auf den Grund genossen, bis auf den Grund gelitten und bis auf den Grund gegeben haben. Momente, in denen wir ahnen, was Leben ist.

Und dann bricht wieder der Alltag ein. Dinge, die getan werden müssen, Telefonate, die geführt werden müssen, irgendwelche Bescheinigungen für Behörden. Der Steuerberater mahnt, das Finanzamt wird lästig, und die Gottesdienstordnung sollte auch noch Korrektur gelesen werden. Lange Strecken, die wir verschüchtert, vorsichtig und berechnend gehen. Tage und Stunden, an denen die Sonne irgendwie weniger hell scheint, uns der Mut verlässt, die Kraft nicht mehr ausreicht. Ja, es gibt solche Tage und Stunden, an denen ich am liebsten die Rollläden unten lassen möchte, nicht in der Stimmung bin, eine Kerze anzuzünden, mich am liebsten verkriechen möchte. Ich mag nichts von der Welt – möge die Welt, bitte schön, ebenfalls nichts von mir wollen … in solchen Zeiten ist mir auch Gott sehr fern.

Es gibt auch eine dunkle Seite des Christ-Seins. Jemand, der nicht an Gott glaubt, wird ihn in seinem Leben nicht vermissen. Wenn sich aber jemand für Gott entschieden hat, sei es nun mit halbem oder ganzem Herzen, für den ist es schwer, diese dunkle Seite zu leben, sie auszuhalten.

Und doch gehört sie dazu.

Christ-Sein ist nicht nur nett und freundlich. Christ-Sein ist radikal, existentiell und fordernd. Es hat wenig mit Wellness, mit wohlfühlen und toll sein zu tun. Und es verheißt nicht unbedingt „glücklich-sein" und „immer nur lächeln". Christ-Sein führt mich auf den Grund meines Lebens. Mit allen Höhen und Tiefen. Da bin ich gefragt – zu leben, zu genießen, zu leiden, zu geben – bis auf den Grund.

Christ-Sein heißt sich zu geben, ohne wenn und aber.

Und: Es ist deine Entscheidung. Du musst es nicht tun. Gott ist so groß, dass er ohne dich leben kann.

Aber ob du ohne Gott leben kannst?

Ich kann und ich mag nicht ohne Gott leben. Es macht mein Leben, zugegeben, nicht einfacher – aber auf jeden Fall lebendiger. Ich brauche keinen Gott für die netten Stunden meines Lebens. In diesen Zeiten bekomme ich es ganz gut alleine hin. Ich brauche einen Gott, der mich dann trägt und hält, wenn ich nicht mehr weiter weiß. Der mit mir bis an die Grenzen geht. Der mit mir bis auf den Grund lebt, bis auf den Grund genießt, bis auf den Grund leidet und sich bis auf den Grund gibt. Weil er es getan hat, kann ich es tun. Er geht alle Wege mit. Er kommt mir entgegen, er geht mir nach. Aber: Ich muss es wollen. Ich muss „ja" sagen dazu. Denn Gott handelt nicht gegen uns, sondern mit uns. Weil er bis auf den Grund gelebt hat, Jesus Christus bis in die tiefsten Tiefen abgestiegen ist und sich uns zugewandt hat, kann ich bis auf den Grund leben.

Manchmal, in bestimmten Sternstunden, kann und darf ich genau das erleben. Aber: Diese Sternstunden, aus denen ich lebe, können wir nicht künstlich herbeiführen. Das einzige, was mir bleibt, ist, mitten im Alltag, im oft so langweiligen und fordernden Alltag mit all seinen Routinen, die Möglichkeiten zu schaffen, dass sich solche Sternstunden ereignen können – so dass ich sie leben und erleben kann. Auch Schwimmen kann ich nicht erst dann lernen, wenn ich am Ertrinken bin – und wenn ich will, dass Gott mit mir durch die schwersten Stunden und die besonderen Momente des Lebens geht, dann muss ich dies in den Tagen einüben, wo alles Mittelmaß ist, alles seinen Gang geht, mit seiner langweiligen und ermüdenden Routine.

Es braucht Zeit vor Gott und mit Gott, jeden Tag neu, damit ich lerne, „du" zu sagen. Vielleicht in einem Gottesdienst, vielleicht während der fünf Minuten in der Kirche, wenn ich eine Kerze anzünde, vielleicht in dem Stoßgebet, bevor ich an der Tür klingle, hinter der mich ein schwieriges Trauergespräch erwartet. Es braucht mein Wach-Sein für das, was Gott mir sagen will, in der Bemerkung eines Freundes, in dem Text eines Liedes, in einem Buch, in einer Begegnung. Es braucht mein offenes Herz, mein offenes Ohr, es braucht meine Bereitschaft, hinzuhören und hinzusehen auf das, was ist – und dann zu handeln. Dann können sich solche Sternstunden ereignen – und daraus kann ich die Kraft schöpfen, andere auf ihrem Weg zu begleiten.

Es braucht die langen und mühsamen Stunden, Tage und Wochen, in denen ich vorsichtig, zurückhaltend, überlegend bin, Zeiten, in denen Disziplin gefragt ist und eben nicht Lust, damit sich die großen und reinen Stunden ergeben können. Wer glaubt, diese großen Momente ohne das Durchhalten der langweiligen Zeiten zu bekommen, der liegt falsch. Es braucht die kleinen Stunden, die Tage voller Treue, Disziplin und Routine, damit die großen Stunden möglich werden können. Zeiten, in denen ich bis auf den Grund lebe, genieße, leiden und geben kann. Und es braucht die Sternstunden, aus denen heraus ich diese kleinen Stunden des Alltags leben und bestehen kann.

Eine Sekunde Lebendigkeit, ein Wort, ein Gedanke, eine Umarmung können dann durch alle Nebel unseres Lebens hindurch tragen. Für einen Moment lang öffnet sich der Himmel, und ich kann die Sterne sehen. Und genau das verändert mein Leben.

Ich kann mich diesen Erfahrungen aussetzen, weil es einen gab, der den Himmel geöffnet hat und der selbst nicht dort geblieben ist, sondern der herunter gekommen ist bis auf den Grund – um mit mir zu leben, zu genießen, zu leiden und zu geben – allen Verschüchterungen, aller Vorsicht und allen Berechnungen zum Trotz.

Ich hab ein
zärtliches Gefühl.

Herman van Veen

mich
geben

ganz leise
ganz sanft
ganz zart

hellwach
herausgerufen
lebendig

berühr
ich
dich

liebend
geliebt
werdend

und lass mich
von dir
berühren

und
ich
geb mich

und
ich
spür mich

und
ich
bin

durch dich
in dir
mit dir

Auf das Ziel kommt es an

Auf dem Weg zu einem Kurs hielten meine Freundin und ich in einer kleinen Raststätte an – wir hatten Lust auf einen Kaffee bekommen. Natürlich lief der Fernseher, und auch wir warfen ab und an einen Blick auf den Bildschirm. Plötzlich wurden wir beide aufmerksam: Da gab es einen Bericht über zwei Männer, die sich bereit erklärten, sich den Schmerzen einer Geburt zu „unterwerfen", um die Erfahrung zu machen, wie es ihnen damit gehen würde. Natürlich kann auch die modernste Medizin einen Mann nicht schwanger machen, aber anscheinend können über elektrische Impulse die Schmerzen einer Geburt so erfahrbar gemacht werden, dass auch Männer das „nach-erleben" können.

Ein Mann gab nach einer Stunde auf, der andere nach zwei Stunden – sie konnten es einfach nicht mehr aushalten. Der eher trockene Kommentar einer Hebamme in der Dokumentation lautete nur: „Die haben es noch gut gehabt, bei manchen Frauen kann eine Geburt zwölf oder vierzehn Stunden dauern."

Beim Abendessen in der Kurs-Gruppe kam irgendwie das Gespräch auf das Thema, und wir erzählten von dem Bericht. Und eine Teilnehmerin sagte: „Ganz klar, die haben ja auch kein Ziel gehabt. Deshalb haben die nicht durchgehalten."

In diesem Moment wurde mir etwas schlagartig klar: Wenn man ein Ziel vor Augen hat, dann nimmt man dafür manches in Kauf, auch Schmerzen – man weiß ja, „wofür" es ist. Wer krank ist und gesund werden will, nimmt langwierige Behandlungen, langes Sitzen in Wartezimmern, unangenehme Untersuchungen auf sich. Wer nach Santiago, dem alten Wallfahrtsort in Nordspanien pilgern will, investiert viel Kraft, Zeit und Geld, um dort hinzukommen. Notfalls beißt man die Zähne zusammen und geht trotz Blasen weiter – auch am nächsten Tag, selbst wenn man die Hitze und den steilen

Anstieg verflucht und sich manchmal fragt: „Weshalb mache ich das eigentlich?". Das Ziel ist stärker als alle Fragen, alle Zweifel und alle Schmerzen. Erst das Ziel gibt all dem einen Sinn.

Ohne Ziel wäre es sinn-los.

Es macht keinen Sinn, Erfahrungen um der Erfahrungen willen zu machen. Deshalb war für die beiden Männer dieser Schmerz nicht zum Aushalten. Es geht nicht darum, Leiden künstlich herbeizuführen um des Leidens willen. Den kurzen Piekser bei der Blutentnahme oder einer Spritze ertrage ich deshalb, weil ich weiß, wozu es gut ist. Ich wehre mich dann, wenn mir der Sinn verborgen bleibt. Aus dieser Ratlosigkeit rührt die uralte Frage: „Warum lässt Gott Menschen leiden?" – wir können keinen Sinn entdecken und deshalb protestieren und fragen wir.

Ein Weg macht nur dann Sinn, wenn er ein Ziel hat. Deswegen misstraue ich der angeblich alten Weisheit, dass der Weg schon das Ziel sei. Denn dann wäre es nur wichtig unterwegs zu sein – vollkommen egal, wohin. Das kann es ja wohl nicht sein. Das wäre „vagabundieren". Zugegeben, auch das kann manchmal reizvoll sein – manchmal fahre ich ganz gerne an einem freien Tag morgens los, um irgendwelchen Wegen zu folgen, die ich noch nicht kenne. Gelegentlich entdecke ich dabei ganz wunderschöne Orte, von denen ich vorher nichts ahnte, häufiger aber lande ich irgendwo in einem Gestrüpp, in einer Sackgasse, einer Stelle; an der es nicht mehr weitergeht.

Wenn ich „vorankommen will", braucht mein Weg ein Ziel. Und dann ist der Weg eben nicht schon das Ziel. In dem Fall wären die Wege beliebig – und es wäre eher egal, wo ich ankomme.

Aber egal ist das eigentlich nicht – oder? Deshalb braucht es das Ziel … und es braucht den Weg.

Lasst uns Gehende bleiben.
Wir sind nicht ganz
zu Hause auf dieser Welt.
Wenn wir pilgern,
sind wir nicht nur wir.
Er geht mit. Er ist dabei.
Wir sind unterwegs
mit dir, Gott,
durch Dunkel und Nässe,
durch Nebel und
oft ohne Weg,
und nicht selten ohne Ziel.
Wir sind Wanderer.
Wir sind Gehende.
Wir sind noch nicht
ganz angekommen.
So wandert Gott
mit uns und lehrt uns
das Gehen und das Suchen.

Dorothee Sölle zugeschrieben

Unterwegs sein …

Das Programm, das Jesus vorgibt, ist ziemlich eindeutig: Sich von ihm gerufen wissen, sich auf den Weg machen, zu den Menschen gehen, ihnen etwas bringen, von Gott erzählen.

Die Fragen, die wir uns manchmal in den christlichen Gemeinden stellen, hören sich anders an: Wie finden wir mehr Mitarbeiter? Wie binden wir die Jugendlichen ein? Wie können wir unsere Gottesdienste attraktiver machen – und wir denken insgeheim vielleicht: „Damit mehr Leute kommen"?

Die „Bewegungsrichtung" ist unterschiedlich – Jesus geht hinaus zu den Menschen, handelt und erzählt von Gott, seinem Vater. Wir sitzen da, denken nach und hoffen, dass jemand unser Angebot so attraktiv findet, dass er oder sie vorbeikommt. Und dann passiert es manchmal, dass wir die befreien wollen, die eigentlich schon befreit sind – und die verarzten wollen, die schon längst verbunden sind.

Jesus geht von innen nach außen und macht sich auf den Weg – wir wollen die, die außen sind, zu uns hereinholen. Und manchmal scheint es mir fast so, als ob wir nicht genug eigene Kraft haben, um uns wirklich auf den Weg zu machen, sondern stattdessen lieber danach schauen, wie wir Verstärkung „ins Boot kriegen".

Klar – dann muss und wird uns „Priestermangel" und „Gläubigenschwund" in die absolute Panik versetzen.

Jesus hat keine flächendeckende Pastoral verkündet. Aus einer inneren Kraft heraus ist er aufgebrochen und zu Menschen gegangen. Damit hat es angefangen. Und er hatte nur ein paar Mitarbeiter, die alle nicht Theologie studiert hatten.

Wenn es mit unserer Kirche und dem christlichen Glauben weiterge-
hen soll, bräuchten wir ihm eigentlich nur zu folgen. Uns auf den Weg
machen, den Menschen etwas bringen, von der Freiheit des Glaubens
erzählen, Gottes Wort weitergeben.

Vom Umkehren und Aufbrechen

In einem Familiengottesdienst bat ich einmal die anwesenden Kinder,
den Gang in der Kirche entlang zu laufen. Als alle ein paar Schritte
gegangen waren, rief ich laut: „Kehrt um!" – und die Kinder dreh-
ten sich alle um und kamen auf mich zu. Dann bat ich sie sich hin-
zusetzen und rief wieder: „Kehrt um!". Natürlich schauten mich alle
etwas verdutzt an – und taten gar nichts. Damit war aber allen schnell
klar: Umkehren kann nur einer, der schon mal aufgebrochen und losgegangen ist. „Umkehr", das ist ein großes und wichtiges Wort in der
Advents- und Fastenzeit. Immer wieder werden wir dort zur Umkehr
aufgerufen.

Umkehren … das kennen wir heute vom Navigationsgerät im Auto,
wenn man eine Abbiegung verpasst hat: „Bitte drehen Sie, wenn
möglich, um!". Manche werden es vom Wandern kennen, wenn man
feststellt, dass man einen falschen Weg gewählt hat: „Wir müssen
umkehren!" Und manchmal muss auch ein Flugzeug umkehren,
wenn es technische Probleme gibt.

Aber „umkehren" kann eigentlich nur einer, der sich immerhin
schon mal auf den Weg gemacht hat, der sich entschieden hat aufzubrechen, loszugehen. Haben wir uns wirklich schon auf den Weg
gemacht – oder sitzen wir vielleicht noch brav zu Hause, am warmen

Kachelofen, die Zeitung vor der Nase, eine Tasse Tee in der Hand? Wer aufbricht, der hat ein Ziel vor Augen, der will etwas erreichen, der hat noch etwas vor, vielleicht lebt eine Sehnsucht in ihm.

Aufbrechen, das kann manchmal bedeuten, Abschied zu nehmen von etwas, das mir lieb und vertraut geworden ist. Aufbrechen, das kann unbequem sein, denn ich verlasse immer auch die Bequemlichkeit, die ich zuhause hatte. Aufbrechen, das kann Angst machen, denn das, was vor mir liegt, kenne ich vielleicht nicht so gut, deshalb erscheint es mir unsicher. Manchmal mag es dann schon einfacher und sicherer sein, einfach zuhause zu bleiben, sich gar nicht erst auf den Weg zu machen.

Möglicherweise haben wir uns längst gemütlich im warmen Wohnzimmer eingerichtet. Wir haben uns eingerichtet, wenn wir sagen: „Das haben wir noch nie so gemacht!". Wir haben uns eingerichtet, wenn wir das Risiko des Aufbruchs, der Veränderung scheuen. Wenn wir in unseren Vorurteilen und Vorverurteilungen steckenbleiben. Wir haben uns eingerichtet, wenn wir nur noch auf uns selbst schauen, aber keinen Blick mehr für den Menschen neben uns haben. Wir haben uns eingerichtet, wenn Geld und Besitz uns besitzen.

Um uns herauszureißen aus dieser Gemütlichkeit, braucht es Entschlossenheit und Klarheit: Brich auf! Geh los! Nimm wenig Gepäck mit! Lass los! Mach dich auf den Weg! Lass dich berühren von deiner Sehnsucht! Finde ein Ziel, für das es sich wirklich zu leben lohnt! Trau deinen Träumen! Werde neu lebendig!

Wenn man aufbrechen will, dann gibt es ein paar Dinge, die man vielleicht beachten sollte. Man sollte schon wissen, wo man eigentlich hin möchte … es geht nicht um einen Aufbruch des Aufbruchs willen. Wer unterwegs ist, nur um unterwegs zu sein, der ist eigentlich ein Vagabund. Der Pilger, das ist das christliche Bild, hat ein Ziel. Mit ganz großen Worten kann man das so sagen: Unser Ziel heißt auf Gott hin! Wunderbar – aber das ist ungefähr so, als ob ich einen 100-Euro-Schein im Portemonnaie habe – und nachts gegen elf Uhr mein Auto aus dem Parkhaus holen möchte. Da komme ich mit dem 100-Euro-Schein nicht weit. Da ist das Kleingeld, da sind die Münzen angesagt. „Auf Gott hin!" – das hört sich wunderbar an, aber das ist der 100-Euro-Schein unseres Glaubens. Für den Alltag brauchen wir da schon das Kleingeld, die Münzen, die ganz konkreten Dinge.

Hier hilft eine Frage weiter: Was trennt mich von Gott – und was führt mich näher zu Gott hin? Das aber muss wahrscheinlich jeder für sich selbst herausfinden, was ihn näher zu Gott führt. Ob es pro Tag eine Viertelstunde in einer Kirche ist oder einmal in der Woche jemanden, der vielleicht kein so angenehmer Zeitgenosse ist, zum Essen einzuladen.

Um den Weg zu diesem Ziel, Gott näher zu kommen, zu finden, muss ich wissen, wo ich eigentlich gerade bin. Bestandsaufnahme ist angesagt, Inventur. Denn die beste Karte taugt nichts, wenn ich nicht weiß, wo ich stehe. Im religiösen Bereich sagt man „Gewissenserforschung" dazu.

Mit anderen unterwegs zu sein ist leichter. Man kann sich gegenseitig ermutigen, unterstützen, sich Halt geben. Das muss nicht unbedingt ein konkreter „Mitwanderer" an meiner Seite sein, das kann durchaus auch die Gemeinschaft derer sein, die mit mir auf dem Weg ist, manche vor mir, manche hinter mir – aber unterwegs zum gleichen Ziel.

Was brauche ich wirklich? Wer unterwegs ist, kann meist nur wenig Gepäck mitnehmen. Ich muss mich nicht belasten mit Dingen, die ich eigentlich nicht wirklich brauche. Das könnte vielleicht auch eine Anregung sein … sich immer mal wieder von etwas zu trennen, was unnötig ist – einem Buch, das seit Jahren irgendwo ungelesen herumsteht, eine Hose, die ich doch nicht anziehe, eine komische Marotte, die ich mir angewöhnt habe …

Es ist wichtig, etwas zum Essen und zum Trinken mitzunehmen oder zumindest eine Idee zu haben, wo ich etwas zum Essen und zum Trinken unterwegs bekommen kann. Woraus schöpfe ich Kraft, was sind sozusagen die „Lebens-Mittel" für mich? Ein Psalmvers, ein Lied, die Telefonnummer eines Freundes, ein kleiner Engel …

Aber dann muss ich auch tatsächlich aufbrechen und losgehen – und nicht vor lauter Nachdenken über das Aufbrechen im Endeffekt doch zuhause bleiben.

Irgendwann werde ich endlich auf dem Weg sein, unterwegs sein. Ja, es mag sein, dass man dann erkennen muss, dass man vielleicht die falsche Richtung gewählt hat, dass der Weg nicht zum Ziel führt, dass man sich sozusagen „ver-gangen" hat. Dann ist Mut gefragt, Mut genau das zu erkennen – und die Konsequenz zu ziehen: Umkehren! Zu dieser Umkehr sind wir eingeladen, von Gott eingeladen. Und was für ein Geschenk: Wir dürfen noch einmal neu anfangen! Wir müssen nicht perfekt sein, wir dürfen Fehler machen.

Bei Gott zählt das Bemühen – aber bemühen möge man sich bitte schon! Aufbruch ist angesagt, das sich-auf-den-Weg-machen. Wenn man dann den falschen Weg erwischt, dann kann man ja über das Umkehren nochmal nachdenken. Gott ist immer eine Nummer größer als die Zahl meiner Versuche.

Nur eines gilt nicht: Sitzenbleiben und es gar nicht erst probieren.

Die Sehnsucht nach
frühlingshafter Heimat

Geht hinaus
in euren Tag
ohne
vorgefasste Ideen
und vorausgeahntes
Ermatten,
ohne Absicht
mit Gott,
ohne Bescheidwissen
über ihn,
ohne Begeisterung,
ohne Bibliothek,
brecht auf,
ihm zu begegnen.

Brecht auf
ohne
vorgezeichneten Weg,
ihn zu entdecken,
denn wisst:
Man trifft ihn
unterwegs
und nicht am Ziel.

Madeleine Delbrêl

*Obwohl wir Gott nie gesehen haben,
sind wir wie Zugvögel, die, an einem
fremden Ort geboren, doch eine
geheimnisvolle Unruhe empfinden,
wenn der Winter naht, einen Ruf
des Blutes, eine Sehnsucht nach der
frühlingshaften Heimat, die sie nie
gesehen haben und zu der sie
aufbrechen, ohne zu wissen, wohin.
Sie haben den Ruf des Gelobten
Landes vernommen.*

Ernesto Cardenal

zugvogel

du
hast
den ruf
gehört

flügelschlag
um flügelschlag
deiner bestimmung
folgend

die sehnsucht
treibt dich
geheimnisvolle
bestimmung

sich hineingeben
in das nichts
das
alles ist

und du
fliegst
der heimat
entgegen

und sich finden
in der verlorenheit
die den weg
zeigt

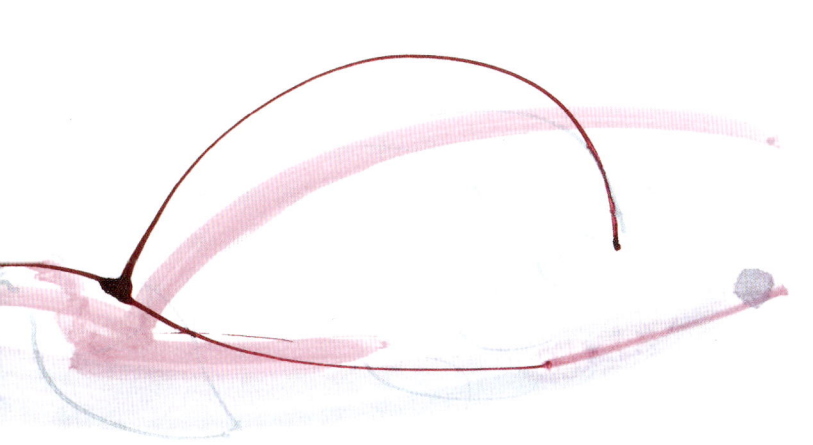

Die Wahrheit tun ...

Jens, der Sohn von Freunden, ist gerade zwei Jahre alt. Er erobert sich seine Welt, freut sich über Entdeckungen, schreit, wenn ihm was nicht passt, nimmt keine Rücksicht auf den Morgenschlaf seiner Eltern, und kann sich so in den Anblick eines Käfers versenken, dass man fast Angst hat, ihn anzusprechen.

Jens ist echt. Er tut das, was in ihm ist. Angenehm ist das nicht immer – für die anderen.

Und Jens wird lernen müssen, dass man nicht immer alles sofort bekommt, dass andere Menschen auch ihre Interessen haben. Wenn man in Gemeinschaft lebt, muss man sich anpassen.

Es könnte aber auch sein, dass er lernt, dass er sich so und so verhalten muss, um dies und das zu bekommen. Wenn ich mit Omi ein wenig schmuse, bekomme ich Schokolade. Wenn ich dieses oder jenes mache, werde ich geliebt und geachtet.

Manchmal verbiegen oder verdrehen sich Menschen, um das zu bekommen, was sie gerne hätten oder brauchen. Sie spielen eine Rolle, tragen eine Maske – sind aber nicht mehr sie selbst, sondern ein „um zu ...". Möglicherweise wissen sie am Ende nicht mehr, wer sie eigentlich sind – und was sie wollen und fühlen. Sie haben sich verloren im Irrgarten ihres Lebens.

Menschen, die wahrhaftig leben, sind echt. Sie nehmen wahr, was in ihnen ist – und entscheiden dann, wie sie damit umgehen. Sie verkaufen sich nicht. Sie sind, wie sie sind – und wissen, dass der andere das Recht hat, anders zu sein. Sie können bestehen, vor sich selbst, den anderen – und vor Gott.

Das heißt „Wahrheit tun" ...

Ich bin – Weg und Wahrheit und Leben

Fast scheint es, als ob die Jesus-Worte in ihrer Abfolge immer komplexer und herausfordernder werden. Wenn ich ihm ähnlich werde, werde ich selbst zum Weg, zur Wahrheit und damit wiederum zum Leben.

Ich gehe keinen Weg, sondern ich bin der Weg. Als Weg komme ich von irgendwo her und führe irgendwo hin. In früheren Zeiten entstanden Wege immer dort, wo Menschen oft zwischen zwei Orten hin und her gingen. Manchmal sieht man es auch heute bei Grünflächen, durch die ein abkürzender Trampelpfad führt. Das Gras hat dort keine Chance zu wachsen. Andererseits: Wenig benutzte Wege können auch wieder zuwuchern. Die alten Wege folgten den natürlichen Gegebenheiten. Um einen schwer zu begehenden Pass zu vermeiden, nahm man Umwege in Kauf.. Auf dem camino, dem alten Pilgerweg durch Nordspanien, kann man das schön beobachten. Der „alte Weg" hatte eine so optimale Streckenführung, dass man später teilweise die Straßen darauf baute – mit dem Ergebnis, dass man als Pilger jetzt entweder kilometerlang an Straßenrändern entlang gehen muss, immer in Sorge, dass ein Auto oder Laster einen streift. Oder man weicht auf die neu angelegten Alternativrouten für Pilger aus, die aber teilweise zusätzliche Auf- und Abstiege mit sich bringen.

Ein Weg führt von einem Ort zu einem anderen. Und wenn ich selbst dieser Weg bin – oder es zu sein versuche – dann strecke ich mich sozusagen zwischen meiner Geburt und meinem Tod aus. Nachdenken kann man dann schon noch einmal, an welchem Punkt meines Lebens ich „Geburt" und „Tod" festmachen würde – es muss nicht unbedingt die Geburt oder der Tod im „biologischen" Sinn sein.

Und es könnte durchaus sein, dass ich mitten in meinem Leben im übertragenen Sinne sterbe und neu geboren werde. Aber ich selbst bin das Stück Weg dazwischen.

Ich bin das, was ich daraus mache. Denn ich entscheide, ob ich ein einsamer Bergpfad bin, der sich durch Wälder dem Gipfel entgegen schlängelt, die sechsspurige Autobahn, auf der man möglichst schnell und rasch irgendwo hin kommt, oder der kleine Weg, der am ruhig dahinfließenden Bach entlang führt. Und nicht zu vergessen: Ich entscheide natürlich auch, ob ich überhaupt ein Weg sein will, ein Weg mit Entwicklung, Wachsen, Werden, Sein – oder ob ich es nicht doch vorziehe, eine Autobahnraststätte zu sein, eine trutzige Burg oder das kleine Einfamilienhaus irgendwo am Waldrand, so nach dem Motto: Hier bin ich und hier bleib ich!

Die Einladung, selbst Weg zu sein, bedeutet Unterwegs-Sein, aufbrechen, ankommen und wieder losgehen. Das heißt, mein Leben als Prozess wahrzunehmen und eben nicht als statische Größe.

Dieser Weg entwickelt sich aus mir heraus, ein Schritt folgt dem nächsten. Mag sein, dass es manchmal der falsche Schritt ist, dann muss ich umkehren, zurückgehen und nochmal neu ansetzen. Und es kann gut sein, dass ich am Anfang dieses Weges noch nicht weiß, wohin mich der Weg führen wird … aber es gibt eine Ahnung, eine Richtung, in die es mich regelrecht zieht.

Ja, die Versuchung ist groß, die Wege zu nehmen, die andere mir anbieten, es ist auf den ersten Blick weniger anstrengend. Möglicherweise ist man nicht so allein. Man fühlt sich sicherer, weniger in Frage gestellt, fällt nicht so auf. Aber es ist nicht mein Weg. Dann gehe ich einen Weg, aber ich bin nicht mein Weg.

Dann kann es falsch und unecht werden.

Und deshalb kommt genau an diesem Punkt die Wahrheit ins Spiel. Bei der Wahrheit geht es eben nicht um richtig oder falsch, sondern darum, dass es stimmig ist.

Bei Kursen oder Vorträgen mache ich manchmal eine kleine Übung: Drei Teilnehmer sitzen nebeneinander, nennen wir sie A, B und C. Wenn ich A frage: „Wo sitzt B?" ist die Antwort „links", wenn ich C frage: „Wo sitzt B?", ist die Antwort „rechts". Übrigens ist dies eine wunderbare Ausgangssituation für heftige Konflikte zwischen A und C! Mit „richtig" und „falsch" kommen wir hier an der Stelle nicht weiter, denn sowohl A als auch C haben jeweils aus ihrer Sicht recht. Die Antworten sind „stimmig".

Meine Wahrheit muss nicht deine Wahrheit sein, sondern jeder erlebt Leben aus seiner ganz eigenen und persönlichen Sicht. Deshalb kommt es zu unterschiedlichen Antworten.

Die „absolute" Wahrheit gibt es nur in Gott – und nur, wenn wir die ganz vielen unterschiedlichen und individuellen Wahrheiten zulassen, nebeneinander stehen lassen können, werden wir uns dieser Wahrheit annähern können. Dazu gehört es aber auch, dass jeder von uns eben nicht nur seinen Weg geht, sondern selbst ein Teil des Weges ist.

Jesus ist der Weg. Und wenn wir ihm ähnlich werden, wenn er auf uns abfärbt, dann werden wir ihm nicht einfach blind folgen. Denn es geht nicht darum, ihn einfach nachzumachen oder zu imitieren, sondern wir werden zu dem Weg, den er uns zugedacht hat, mit unserer Einzigartigkeit.

Übrigens gelten die Entschuldigungen wie „schlechte Startbedingungen", „zu wenig Geld" oder „nicht geliebt" nur bedingt. Wer mit sechzig Jahren seinen Eltern immer noch die Schuld für ein nicht gelebtes Leben gibt, hat keine Verantwortung für sein eigenes Leben übernommen, sondern delegiert. Anselm Grün sagte ein Mal sinngemäß: „Nicht jeder bekommt das schöne Stück Kirschbaumholz, aus dem er etwas Schönes schnitzen kann, sondern vielleicht nur einen Ytong-Stein. Aber auch daraus kann man etwas machen. Es hat jedenfalls wenig Zweck, dem hinterher zu trauern, was man nicht hat – sondern es ist besser, mit dem umzugehen, was man hat."

Und damit sind wir beim Stichwort „Leben". Wenn Jesus von sich sagt: „Ich bin das Brot des Lebens", dann nennt er das Ziel der Reise – Leben! Die Perspektiven „Auferstehung und Leben" laden dazu ein, aus all den Toden, die uns gefangen halten wollen, aufzubrechen – um unser Leben selbst als Weg zu verstehen, als unseren eigenen Weg – dem Leben entgegen!

Es gibt einen Weg,
den keiner geht,
wenn du ihn nicht gehst.

Wege entstehen,
indem wir sie gehen.

Die vielen, zugewachsenen,
wartenden Wege –
von ungelebtem Leben überwuchert.

Es gibt einen Weg,
den keiner geht,
wenn du ihn nicht gehst.
Es gibt deinen Weg,
einen Weg, der entsteht,
wenn du ihn gehst.

Werner Sprenger

Wenn durch einen Menschen
ein wenig mehr Liebe und Güte,
ein wenig mehr Licht und Wahrheit
in der Welt war,
dann hat sein Leben einen Sinn gehabt.

Alfred Delp

Wie man mit Wahrheit falsch umgehen kann

„Was ist Wahrheit?"[5] Diese Frage, die Pontius Pilatus Jesus kurz vor seinem Tod stellt, ist elementar. Philosophen und Theologen, aber auch Wissenschaftler jeglicher Disziplin versuchen seit Jahrhunderten, darauf Antworten zu finden und diese mit Beweisen zu untermauern. So manche Lehre wird verkündet, als Dogma in die Welt gestellt. Angeblich gibt es nichts an ihnen zu rütteln. Aber wer hat am Ende Recht?

Manch einer, der glaubt, die endgültige Wahrheit und den Grund allen Seins für sich gefunden zu haben, geht herzlos mit seinen Mitmenschen um. Da wird jemandem die Wahrheit gesagt, egal ob er danach gefragt hat oder nicht, und dies in einer Art und Weise, die oft nur Verletzungen hinterlässt. Mit brutaler Offenheit werden zum Beispiel Charakterzüge bloßgestellt, das Aussehen kritisiert, Ansichten lächerlich gemacht und Lebensweisen als verwerflich angeprangert. Was bleibt, sind tiefe Verwundungen. Und wir verstecken uns entschuldigend hinter dem Satz, dass wir nicht lügen sollen. Die Wahrheit soll ja bekanntlich frei machen, aber das, so wissen wir, stimmt nicht immer. So manche Wahrheit, in schonungsloser Ehrlichkeit gesprochen, vermag es, Menschen in Gefängnisse selbstzerstörerischer Gedanken zu führen, aus denen sie nur schwer wieder ausbrechen können.

Es gibt aber auch das Gegenteil, das wir anderen ‚lieber nicht die Wahrheit' sagen. Nächstenliebe wird als Erklärung vorgeschoben, dass wir nicht gegen das Gebot der Liebe verstoßen möchten. Und so machen wir gute Miene zum bösen Spiel, tun so als ob nichts wäre, spielen Dinge herunter oder reden anderen nach dem Mund. Diplomatisch können wir uns auf ‚alle Seiten' schlagen. Aber wenn wir oft nur um des lieben Friedens willen keine Position beziehen, ist keinem dadurch geholfen. Letztlich bringt es nichts. Es ist ein wertloses Miteinander, denn man lebt ohne Werte. Es fehlt das Rückgrat, zu sagen: „So aber nicht". Wenn der Mut fehlt, Schlechtes zu benennen und Stellung zu beziehen, hat es die Wahrheit schwer.

„Was ist Wahrheit?" – Die Frage begegnet uns in vielen Situationen. Da fordert eine Mutter ihr Kind auf, zu erzählen, was geschehen ist und dabei bei der Wahrheit zu bleiben. Der Zeuge vor Gericht wird daran erinnert, die Wahrheit zu sagen. Eine verunsicherte Frau fragt den Partner, ob die Beteuerungen der Liebe wirklich wahr sind. Bisweilen schwören die Befragten, dass es wirklich so war oder ist. Doch wir glauben ihnen nicht, bezweifeln die Worte, die Aussagen, die Erklärungen, stellen alles infrage. Manchmal ist die Sache nicht eindeutig, aber selbst mit Beweisen lassen sich viele nicht überzeugen. Der Zweifel bleibt. Dies hat oftmals etwas mit unserer inneren Haltung zu tun. Der Skeptiker vertraut niemandem und nichts. Der Zyniker hat allen Glauben verloren. Und die Arroganten fühlen sich über alles und alle erhaben, glauben es letztlich immer besser zu wissen. Sie versteifen sich auf ihre Sichtweise. Verbohrt verfallen sie in Rechthaberei, denn sie sind überzeugt, dass sie genau wissen, wie etwas abgelaufen ist, was der andere wirklich gefühlt hat und was mit dem Gesagten eigentlich gemeint war. Da gibt es keine Nachsicht und kein Einlenken, aber auch keine Annäherung an die Wahrheit. Und wenn das für beide Parteien zutrifft, kommt es zu heftigen Konflikten. Ein endloser Teufelskreis von Argumenten beginnt und endet in einer Verstrickung, deren Entknotung schwierig bis unmöglich ist. Am Ende entdecken wir dabei meist nicht die Wahrheit, sondern stecken in einem komplexen Geflecht von ungeklärten Konflikten fest.

Letztlich ist und bleibt Wahrheit immer auch ein Stück weit Geheimnis. Vielleicht ist es viel mehr als die Summe aller Wahrnehmungen und Perspektiven zusammengenommen? Vielleicht gibt es letztlich kein Richtig und Falsch, sondern nur verschiedene Ebenen, die zusammengenommen zu einem tieferen Verständnis dieser unendlichen Größe führen können. Dazu gehört auch, ehrlich mit mir zu sein, echt zu sein, ganz ich zu sein. Bisweilen erfordert es von mir, die von mir gefundene Wahrheit mutig auszusprechen und zu verteidigen, auch wenn es zum Konflikt kommen kann. Aber ich muss wahrhaftig sein, erkennen, dass auch ich begrenzt bin, dass ich nicht alles sehen kann, dass ich andere brauche, um über meinen eigenen Horizont hinaus sehen zu können. Das braucht Demut – Mut, meine Wahrnehmungen in Worte zu fassen; Mut, die Wahrnehmungen anderer in mich aufzunehmen. Es lädt uns ein, die vielfarbige Palette von möglichen Antworten zu betrachten, ohne sofort auf Richtig oder Falsch bestehen zu müssen. So können wir zusammen an der Wahrheit bauen, in kleinen Schritten, und hoffen, dass wir uns dadurch ihrem Geheimnis immer mehr nähern.

Nur Gott ist die absolute Wahrheit. Sie stammt von ihm, lebt in ihm und sprengt all unser Verstehen, unsere Wahrnehmungen, unser Wissen. Dies wusste auch Pontius Pilatus.

Das gilt es, zu akzeptieren. Und doch sind wir eingeladen, zu ergründen, welche ‚Wahrheiten‘ uns frei machen, um unser Leben lebendiger und froher, freier und zufriedener, erfüllter und mutiger zu leben.

Sr. Ulrike Diekmann cps

Ich bin der Weinstock, ihr seid die Reben

Jesus sagte: Ich bin der wahre Weinstock, und mein Vater ist der Winzer. Jede Rebe an mir, die keine Frucht bringt, schneidet er ab, und jede Rebe, die Frucht bringt, reinigt er, damit sie mehr Frucht bringt. Ihr seid schon rein durch das Wort, das ich zu euch gesagt habe. Bleibt in mir, dann bleibe ich in euch. Wie die Rebe aus sich keine Frucht bringen kann, sondern nur, wenn sie am Weinstock bleibt, so könnt auch ihr keine Frucht bringen, wenn ihr nicht in mir bleibt. Ich bin der Weinstock, ihr seid die Reben. Wer in mir bleibt und in wem ich bleibe, der bringt reiche Frucht; denn getrennt von mir könnt ihr nichts vollbringen.

Johannes-Evangelium, Kapitel 15, Verse 1 – 5

Zum Leben berufen

Am Ende dieser sieben „Ich bin"-Worte im Johannes-Evangelium steht das Wort „Ich bin der Weinstock, ihr seid die Reben". Es begann mit dem „Brot" und endet sozusagen beim „Wein". Brot und Wein werden in der Eucharistie zum Leib und Blut Christi, Jesus selbst hat dies beim Abendmahl mit seinen Jüngern als Zeichen der Gemeinschaft mit ihm eingesetzt. Wenn wir heute die Eucharistie, das Abendmahl miteinander feiern, tun wir dies in dem Bewusstsein, dass Christus selbst mitten unter uns ist. Der Weg, zu dem die sieben „Ich bin"-Worte Jesu einladen, ist ein Weg mit ihm.

Das „Brot" steht am Ende eines langen Prozesses: Es beginnt mit einem Samen, der in die Erde geworfen wird. Ausgetrieben, gewachsen, gereift, Frucht gebracht, zermahlen, im Teig verknetet, in glühender Hitze gebacken entsteht daraus das Brot. Der „Weinstock" steht am Anfang eines solchen Prozesses: Er muss Frucht bringen, die Reben reifen, werden ausgepresst und müssen gären – und dann kann daraus Wein entstehen. Mit dem Weinstock fängt es erst an. Die sieben „Ich bin"-Worte enden damit, dass es jetzt erst richtig losgeht!

Und mag sein, dass dies auch eine Erklärung dafür ist, dass nur bei diesem „Ich bin"-Wort ein „ihr seid" folgt: Ihr seid die Reben. Wir sind die Frucht, die aus Christus herauswächst – und es braucht ihn und uns, damit daraus Wein entstehen kann, der „das Herz des Menschen erfreut" (Psalm 104, Vers 15).

Fast scheint es so, als ob uns Jesus bei diesem letzten „Ich bin"-Wort mit in die Verantwortung nimmt. Ob seine Botschaft der Befreiung weitergeht, ob sie die Menschen erreicht, das hängt jetzt auch von uns ab. In einem Gebet aus dem Mittelalter heißt es „Christus hat keine Hände, nur unsere Hände, um seine Arbeit heute zu tun." Wir sind eingeladen, aus seiner Kraft zu leben, zu wachsen, zu blühen und

Frucht zu tragen. Wenn wir es nicht tun, dann kann auch der Weinstock alleine nichts bewirken.

Und: Es heißt nicht „du bist", sondern „ihr seid". Es braucht viele einzelne Weinbeeren, die zusammenkommen, damit daraus Wein werden kann.

Wenn man dieser Interpretation folgen mag, dann wird auch das Ziel des ganzen Weges deutlich: Wir Christen sollen zum Wein für andere Menschen werden, damit das Fest ihres Lebens gelingt!

Das scheint auf den ersten Blick kein besonders attraktives Ziel zu sein: Wachsen, reifen, Frucht sein – nur um abgeschnitten und ausgepresst zu werden, damit andere „Spaß am Leben" haben? So könnte man es vordergründig hören – aber genau so ist es nicht gemeint.

Lassen Sie uns miteinander noch einmal einen Schritt zurück gehen. Wenn Sie eines Tages auf Ihr Leben zurückschauen, wie müsste Ihr Leben sein, damit Sie es als gelungen oder geglückt beschreiben würden? Ja, es mag Menschen geben, die dann zur Antwort geben: „Wenn ich viel Spaß gehabt habe, möglichst reich geworden bin, mir alles leisten konnte ..." – aber es dürfte doch eher die Minderheit sein. Ich glaube, viel häufiger kämen solche Antworten wie: „Wenn mein Leben einen Sinn gehabt hat, wenn ich etwas bewirken konnte, wenn ich Spuren hinterlassen habe ...". Vom Leben erfüllt sein und Erfüllung gefunden haben ... das muss nicht bedeuten, dass man Amerika nochmal neu entdeckt hat. Das kann einfach heißen, zwei Kinder zu halbwegs vernünftigen Menschen groß gezogen zu haben, sich selbst treu geblieben zu sein, geliebt zu haben, dort geholfen zu haben, wo man anderen helfen konnte. Oder anders gesagt: Sein Leben halbwegs ordentlich gelebt zu haben. Ein bisschen „offizieller" könnte man sagen: „Ich habe mich zur Verfügung gestellt" oder „ich habe mich in Dienst nehmen lassen". Und allein aus den Formulierungen heraus wird ja auch schon deutlich, dass die „Erfüllung des eigenen Lebens" auch etwas mit den anderen zu tun hat. Es sind die allerwenigsten Menschen, die nur auf das eigene Glück, den Spaß und die Befriedigung der eigenen Bedürfnisse aus sind, und wenn sie es sind, dann haben sie die soziale Komponente ihres Mensch-Seins verloren.

„Erfüllt leben" kann ich dann und dort, wo mein Leben in einem solchen Sinn gelingt. Und dann wird es mir damit auch in aller Regel selbst ganz gut gehen. Denn wer mit solch einem „Lebenssinn" lebt, der lebt auf jeden Fall zufriedener, manchmal auch glücklicher.

Es gibt sozusagen eine „Aufgabe" im Leben jedes Menschen – und es gilt, diese zu finden und auszufüllen. Diese „Aufgabe" ist genauso individuell wie der einzelne Mensch selbst. Es gibt nicht die „gleiche Aufgabe für alle", es gibt nur „meine" Aufgabe. Diese aber kann kein anderer übernehmen.

Und eigentlich ist es genau das, was mit dem Begriff Berufung gemeint ist.

Herr, du betest für die,
die dich kreuzigen,
aber du kreuzigst die,
die dich lieben.

Léon Bloy

berufung

mach dir nichts vor
berufung hat wenig mit
glanz und gloria zu tun

berufung
das ist die einsame stunde
vor dem tabernakel

voll fragen und ungewissheit
voll angst und zweifel
aber mit offenem herzen

das ist die sehnsucht
sich berühren zu lassen
und es gibt keine antwort

das ist die hoffnung
da möge etwas sein
was meine realitäten übersteigt

und ich bin verwirrt
durcheinander
ratlos

ich weiß
den weg
nicht mehr

und genau
das
ist der punkt

ich wehre mich nicht mehr
ich lasse los
ich gebe mich dir

zeig mir den weg
den ich
gehen soll

Berufen zum Sein

Wenn man für sein Leben eine Aufgabe gefunden hat und ihr nachgehen kann, dann kann eine tiefe Freude im Herzen einziehen. Aber Achtung: Freude heißt nicht unbedingt Spaß, etwas erleben, die Nacht zum Tag machen! Eine solche Freude kann sehr leise sein, sehr verhalten. Es bedeutet nicht, dass wir dauernd vor uns hin lächeln und dauer-glücklich sein müssen. Es kann eine Freude sein, die einem die Tränen in die Augen steigen lässt … einfach, weil man so berührt ist von diesem Moment des Erlebens. Und das, was man erlebt, müssen keine großen und unsagbar schönen Dinge sein. Es kann der Moment sein, in dem ich von meiner Wohnung nach draußen schaue und im Garten hängen Meisen an den Futterknödeln, Buchfinken trippeln am Boden umher, picken nach Körnern, und eine Amsel probiert ein erstes, frühes Wasserbad. Oder ich fahre durch die früheren Moorgebiete des Bourtanger Moores und genieße diese unendliche Weite und sehe Wildgänse am Himmel ziehen. Das ist der Blick zum guten Freund – und wir sagen im selben Moment das Gleiche. Das ist eine Freude, die aus einem Berührt-Sein herkommt, aus einem „stimmig-sein", dem Gefühl es „passt". Deshalb passt eine solche „Freude" auch zu eher dunklen Stunden, die man erst einmal nicht mit dem Begriff „Freude" verbinden würde. Ich denke an die Beerdigung eines kleinen Mädchens, das im siebten Monat tot zur Welt kam. Wir waren nur zu dritt auf dem Friedhof, standen an dem kleinen Grabfeld für die Sternenkinder, die Eltern und ich – und ein kleiner, blau angemalter Sarg. Wir gaben dieses kleine Mädchen Gott zurück, von dem die Eltern es bekommen haben. Irgendwann verließ ich die beiden – und als ich zurückging, sah ich einen roten Luftballon zum Himmel steigen, fast so, als ob die beiden ihr kleines Mädchen jetzt loslassen konnten und deren Seele nun zum Himmel aufsteigen konnte.

Als meine Mutter starb, fuhr ich einige Stunden später von Wiesbaden nach Hause zurück, weinte fast die ganze Zeit und hörte im CD-Player zehnmal hintereinander das „Halleluja" aus dem „Messias". Es gibt ein „Froh-Sein", dass die Tränen braucht und nicht das Lachen.

In dem Textabschnitt des Johannes-Evangeliums, wo dieses „Ich bin"-Wort steht, heißt es einige Verse später: „Dies habe ich euch gesagt, damit meine Freude in euch ist und damit eure Freude vollkommen wird" (Kapitel 15, Vers 11). Auch die Freude Jesu geht durch alle Dunkelheiten und Einsamkeiten hindurch. Sie nimmt all das nicht weg. Und deshalb ist es eine ehrliche „Freude". Sie sagt nicht, es gibt keine Probleme und es gibt keine Tränen. Es ist eine Freude, die all die Probleme und Tränen, Sorgen und Ängste in dem aufgehoben weiß, der mitgeht – und der das Dunkel kennt, bis hin zum Tod.

Zu meinem Weg, zu meiner Aufgabe gehören diese Dunkelheiten dazu. Das ist es, was dieses Jesus-Wort auch ausdrücken will, wenn es sagt: „Ihr seid die Reben!". Wir werden vielleicht geschnitten, ausgepresst und gekeltert – so wie Jesus Christus. Wir werden „gekreuzigt" werden, wir müssen schweres Leid ertragen, so wie er.

Das ist die Konsequenz, wenn wir in ihm bleiben – und er in uns.

Aber wir werden in unserem Leben auch dann unser Kreuz tragen müssen, wenn wir ohne ihn gehen. Auch dann gibt es Krankheit, Angst, Tod.

Mit ihm gehen, ist leichter – denn er trägt unser Kreuz mit. Er ist dabei, er kennt es.

Und wenn wir mit ihm mitgehen, dann werden wir auch auferstehen – aus dem Tod zum Leben!

Sie wollten doch nicht im Stau stehen, oder?

Zugegeben … Berufung, der Weg der „eigenen Aufgabe", das ist eher der schmale Bergpfad, manchmal führt er durch Steinwüsten hindurch, immer wieder an Abgründen entlang. Oft bin ich allein, manchmal mit einigen wenigen in der Gruppe unterwegs. Manchmal tun die Füße vom Gehen weh, dann drückt der Rucksack – aber wenn man auf dem Gipfel steht und den atemberaubenden Ausblick genießt, ist all das vergessen. Okay, manchmal fehlen die Wegzeichen und gelegentlich fragt man sich: „Warum bin ich eigentlich losgegangen?" Aber dann gibt es wieder diese Momente, in denen man sich eins fühlt mit dem Weg, dem Baum, dem Kuckuck, der ruft, der kleinen Walderdbeere, die rot zwischen dem Efeu aufleuchtet, dem Wind, der einen umweht und zerzaust, den Wellen, die an den Strand schlagen.

Das Kontrastbild dazu wäre die A 5 zwischen Karlsruhe und Freiburg. Baustelle reiht sich an Baustelle. Mit sechs Fahrspuren, deshalb der ganze Ausbau, soll es irgendwann besser werden. Alle scheinen irgendwie an den gleichen Ort zu wollen. Aber statt irgendwohin zu kommen, steht man oft stundenlang an der gleichen Stelle.

Und das ist in unserer Gesellschaft heute gelegentlich genauso – man tut das, was alle tun, man will dahin, wo alle hingehen, man kauft das, was alle kaufen. Und dann wird Leben langweilig – es staut sich.

Berufung, das heißt, den eigenen Weg zu entdecken und den Mut zu haben, ihn zu gehen. Das heißt, einen Standpunkt einzunehmen, eine Position zu haben, ein Ziel in den Blick zu nehmen, eine Vision, die trägt. Das heißt manchmal auch zu tasten, auszuprobieren, zu kosten, zu verwerfen und weiter zu suchen. Es kann bedeuten, manchmal verloren zu sein, um dann wieder zu finden.

Es ist mein Weg.

Und dein Weg ist ein anderer.

Und wenn sich unsere Wege gelegentlich kreuzen oder wir ein Stück zusammengehen dürfen, dann ist es ein Geschenk.

ich bin
die Traube

Er ist   wir
der Weinstock   sind die
wir sind die Reben   Frucht Gottes

Er ist   und Gott
und wir werden   fruchtet
und vergehen   in uns

Er bleibt
und wir werden geschnitten
und ausgepresst

Er gibt sich hin
und wir werden
zum Wein

Er wird Mensch
und wir sind
sein Blut

Er ist Gott
und wir werden
verwandelt

Frucht bringen – nicht Leistung!

Manchen Menschen macht dieses Wort Jesu vom Weinstock und den Reben ziemlichen Druck, weil sie denken, sie würden von Gott nur geliebt, wenn sie eine entsprechende Leistung erbringen. Und dann mühen sie sich ab und rackern und schuften – und machen anderen damit gelegentlich sogar ein schlechtes Gewissen, weil die eben nicht so viel machen und tun. Wir hören „Frucht bringen" und assoziieren „Leistung" damit.

„Leistung", das ist ein Begriff aus unserem industriellen Zeitalter. Maschinen müssen Leistung bringen, denn die sind teuer und müssen sich auszahlen, am besten 24 Stunden am Tag und an 365 Tagen im Jahr. Eine Maschine mag so etwas verkraften – aber für Menschen wäre das ein selbstmörderisches Programm. Und das will Jesus überhaupt nicht. Er selbst entzieht sich oft genug den Anforderungen und Erwartungen der Menschen und zieht sich in die Stille zurück.

„Frucht bringen" – das ist ein Begriff aus der Natur, und die Menschen, die das Wort Jesu damals hörten, haben sicherlich gut verstanden, was er damit meinte. Wenn man zum Beispiel einen Apfelbaum pflanzt, dann weiß man ziemlich genau, dass man im ersten Jahr von ihm noch keine Früchte erwarten kann. Er muss erst mal richtig Wurzeln schlagen, sich die Kraft aus dem Boden holen, ein bisschen wachsen. Und dann kommen vielleicht im nächsten Frühjahr die ersten zaghaften Blüten. Wenn man viel Glück hat, hängt im Herbst vielleicht ein Apfel an diesem jungen und kleinen Baum. Dann aber wirft er seine Blätter ab, steht kahl und bloß für Monate in Schnee und Eis, Kälte und Wind. Keinen Pfifferling würde man für den geben, so tot sieht er aus! Aber dann, eines Tages, wenn die Sonne schon ein wenig wärmt, schmücken plötzlich kleine, weiße Blüten diesen scheinbar toten Baum. Dann kommen so allmählich die Blätter, und er wächst noch ein bisschen, und plötzlich entdeckt man drei oder vier kleine Äpfel. Die kann man dann im Herbst auch ernten.

Um Frucht zu bringen, braucht es Zeit. Das geht nicht 24 Stunden am Tag und an 365 Tagen im Jahr. Es braucht die Zeit der Ruhe, in der sich alle Kraft in die Wurzeln zurückzieht, es gibt die Zeit der Blüte, des Wachsens – und schließlich die Zeit der Frucht – um dann in diesem Kreislauf wieder von vorne zu beginnen.

Jesus gibt uns diese Zeit, damit wir in ihm und aus ihm heraus wachsen können, uns verwurzeln können und zugleich dem Himmel entgegenstrecken. Wir dürfen blühen und Blätter austreiben und uns wieder in die Wurzeln zurückziehen, wenn wir Frucht gebracht haben.

Und ein Gärtner weiß auch, dass es für jede Pflanze gute und schlechte Jahre gibt – er wird einen Apfelbaum nicht gleich deswegen umhauen, nur weil in einem Jahr die Ernte nicht ganz so üppig ausfällt.

Wenn Jesus der Weinstock ist und wenn wir aus ihm und seiner Kraft heraus wachsen und leben, dann werden wir Frucht bringen, vielleicht nicht gleich und sofort, mit Sicherheit nicht rund um die Uhr das ganze Jahr über – aber das erwartet er auch gar nicht von uns.

Und: Jede Frucht entsteht aus einer Blüte. Zuallererst sind wir sozusagen zum Blühen eingeladen! Ohne Blüte gibt es gar keine Frucht!

In der Frucht wiederum ist der Same verborgen. Das, was Frucht bringt, sät sich aus. Und das ist eigentlich der Grundgedanke jeder Frucht – sich weiterzugeben, sich weiter zu verschenken. Das „woher" einer Frucht ist die Blüte, das „wozu" ist die Weitergabe des Lebens, ist die Anstiftung zum Leben.

Übrigens: Er erwartet auch nicht, dass jede Rebe gleich aussieht …

Ich bin – die Rebe

Als Jugendliche habe ich mir öfters während der Schulferien ein wenig Taschengeld dazu verdient und bei einem Winzer mitgearbeitet. Bis dahin kannte ich Wein sozusagen nur in einer Flasche und im Glas – und plötzlich spürte ich bis in die Knochen hinein, wie viel Mühe, Arbeit und Zeit es bis dahin braucht! Im Frühjahr wurde der Schnitt vorgenommen, das war eine Aufgabe für den Fachmann, zwei oder drei Zweige wurden stehen gelassen, die mussten dann an den gespannten Drähten festgemacht werden. In dieser Zeit wirkte der Weinberg sehr „leer", knorrige Weinstöcke und jeweils zwei kahle Zweige.

Als ich in den Sommerferien wiederkam, war der ganze Weinberg grün, die Weinstöcke hatten ausgetrieben, zwischenzeitlich geblüht. Jetzt mussten die Triebe, die zu sehr in die Höhe wuchsen, gekürzt werden, damit die Kraft des Weinstocks in die Trauben ging, die als kleine Rispen schon zu erkennen waren.

Und im Herbst kam schließlich die Lese der Weintrauben, die in kleinen Bündeln, oft versteckt unter den Blättern, an den Ästen hingen und sorgfältig abgeschnitten werden mussten. Wenn ich dann, noch etwas später im Jahr, mit meinem Vater an diesem Weinberg vorbeifuhr, leuchteten die Blätter in den schönsten Herbstfarben!

Ehrlich gesagt habe ich mir damals nicht allzu viele Gedanken über diesen Prozess des Wachsens und Reifens gemacht, ich mochte die Arbeit im Freien, und das zusätzliche Taschengeld ermöglichte es, mir den einen oder anderen Wunsch zu erfüllen.

Geblieben aber ist, wenn auch eher unbewusst, ein Ahnen darum, welches Geheimnis des Lebens in diesem Wachsen, Werden und Frucht-Bringen verborgen ist.

Wenn ich die Rebe bin, dann wachse ich aus einem Weinstock heraus. Dieser Weinstock kann sehr alt und knorrig aussehen und bei flüchtigem Hinsehen ahnt man gar nicht, welche Kraft sich in ihm verbirgt. Diese Kraft kommt aus den Wurzeln, aus etwas, das man nicht sieht. Und dann bricht auf einmal aus diesem so tot aussehenden Holz das Leben hervor – da will einer, dass ich bin, wachse, blühe.

Ob es schmerzhaft sein mag, wenn sich dieser neue und junge Trieb durch das Holz kämpfen muss? Tut es weh, wenn Leben zur Welt kommt?

Ja, ich glaube schon. Werden und wachsen ist mit Schmerzen verbunden. Das kleine Küken im Ei muss sich durch die Schale, die es bisher geschützt hat, regelrecht hindurch picken. Ein Kind muss sich ans Licht der Welt durchkämpfen. Wenn ich ein eigenständiges Wesen werden will, muss ich den Schutz der „Höhle" verlassen und mich ins Freie wagen, mir den Wind um die Nase wehen lassen. Mag sein, dass es da „draußen" sehr hell und laut und kalt ist – aber ich bin und ich lebe!

Und dann kann ich wachsen, mich entfalten. Ich lebe aus der Kraft, die mich ins Leben gerufen hat und die mir weiterhin Kraft schenkt, wenn ich mit ihr verbunden bleibe – so wie der Weinstock in der Erde steht und die Trauben an ihm hängen. Wenn ich mich von diesem „Ursprung" trenne, dann lebe ich nur aus meiner eigenen Kraft – und dann kann es sehr anstrengend werden. Wenn ich mich mit Jesus Christus, mit Gott, verbünde, dann lebe ich aus ihm und mit ihm. Und ich wachse dem Himmel entgegen.

Leben in einem solchen Sinn ist immer einzigartig. Gott will Unikate, keine Kopien. „Klonen" ist eine Erfindung der Menschen, die Gutes einfach kopieren wollen. Menschen sind dann „langweilig", wenn einer wie der andere ist. „Interessant" werden Menschen dann, wenn sie etwas Eigenes sind, ihren eigenen Weg gehen. Wenn sie mit dieser Kraft des Lebens so umgehen, dass sie zum Blühen kommen.

Wenn ich meinen Weg finde und ihn gehe, dann blühe ich. Okay – es gibt kleine und große Blüten, das ist nicht entscheidend. Manche Pflanzen blühen „groß", andere „klein". Ich kann und darf so blühen, wie es für mich passt und stimmt. Und es kann lila, rot, gelb oder weiß sein.

Menschen, die „blühen", sind schön – und ich darf schön sein. Menschen, die blühen, sind Menschen, die dem Leben trauen, die Schritte probieren, die aufbrechen, die die schützende „Höhle" verlassen. Oftmals voller Angst, manchmal sehr allein. Aber sie trauen dem Leben und dem, der es ihnen zugesagt hat.

Wachsen und blühen – und dann Frucht bringen. Dann, wenn es angesagt ist. Nicht im Winter, nicht im Frühjahr, nicht im Sommer. Dann, wenn das Leben sich dem Höhepunkt und damit auch schon dem Ende zuneigt. Frucht bringen, um das Leben in den Samen weiterzugeben, damit etwas in den Boden fällt, sich verwurzelt, um neu zu leben zu beginnen. Etwas zurücklassen, was weiterlebt.

Das muss nicht viel sein und es muss nichts Großes sein. Das kann ein Sprichwort sein, das für andere wichtig wird, das ich zitiert habe, das kann eine Lebensweisheit sein, das kann etwas in der Art und Weise sein, wie ich gelebt habe. Die Geste der Eltern, über ein Brot vor dem Anschneiden das Kreuzzeichen zu machen, kann sich einem Kind für ein ganzes Leben lang einprägen. An einer Kirche nicht vorbei zu gehen, sondern am Marienaltar eine Kerze anzuzünden und ein kurzes Gebet zu sprechen, kann mehr sagen als viele Worte.

Um Frucht zu bringen, muss ich loslassen lernen. Die Frucht ist nicht dazu bestimmt, an mir hängen zu bleiben, um mich mit ihr zu schmücken. Frucht heißt weitergeben, neue Samen auswerfen, säen. Was aus diesen Samen wird, das liegt nicht mehr in meiner Hand. Ich bin nicht verantwortlich für das Wachsen anderer. Und auch nicht dafür, wie andere wachsen. Und das, was ich für mich behalten will, das, was ich in meinen Scheunen horte und speichere, was ich nicht der Erde zurückgebe, wird ohnehin irgendwann verfaulen.

Erst dann, wenn ich meine Frucht hergegeben habe, darf und kann ich in den strahlendsten Farben leuchten. Und dann darf ich auch meine Blätter loslassen und mich in die Wurzeln zurückziehen. Dann kann ich mich im Winter einem neuen Frühling entgegen träumen.

Auferstehung …

Ihr seid die Reben

Wenn ich sage: „Ich bin die Rebe", dann ist diese Aussage richtig und falsch zugleich. Natürlich muss ich diese Idee, diesen Ansatz, ganz individuell und ganz einzigartig in meinem Leben ausfüllen. Aber Jesus sagt nicht: „Du bist die Rebe", sondern: „Ihr seid die Reben". Und damit verweist er mich darauf, dass ich nicht die einzige Rebe bin, die aus diesem Weinstock herauswächst, sondern dass es da noch andere gibt. Und jede wächst auf ihre Weise und bringt in ihrer eigenen Art Frucht.

Eine solche Erkenntnis kann weh tun – ach, da gibt es noch andere? Es hängt doch nicht alles allein von mir ab? Und ich dachte doch …

Eine solche Erkenntnis kann helfen – da gibt es noch andere! Es hängt nicht alles von mir ab! Wir sind miteinander auf dem Weg!

Christ-Sein kann man natürlich auch ganz alleine für sich – aber miteinander geht es besser. Die anderen, die mit mir auf dem Weg sind, können wertvolle Unterstützung sein, können mich ermutigen.

Die einzelnen Weinbeeren hängen am Weinstock meist in einer Traube zusammen, die einzelne Beere ist einzigartig und doch mit anderen verbunden.

Aber nicht alle hängen in einer Traube. Und das finde ich wiederum tröstlich – ich muss nicht mit allen, sondern kann mit einzelnen.

Warten ist der Schlüssel

Was haben eine Rosine, eine Weintraube und ein Rosé gemeinsam? Bei einem Ratespiel wären wir jetzt sicherlich begeistert, denn die Antwort kennen wir ja. Was ihnen gemein ist, ist ihr Ursprung. Alle drei haben etwas mit der Rebe zu tun, die an einem Weinstock wächst, der tief verwurzelt in einem Weinberg steht. Dieses Wachsen und Reifen ist ein langer Prozess, der nicht ohne Schmerz und Leid bleibt, doch am Ende eine Frucht hervorbringt, die mundet und den Gaumen verzaubert. Und jene, die sie kosten dürfen, wissen, wie wohltuend ihr Geschmack ist. Ein Bild der Natur, aber auch ein Bild für uns als Nachfolgende Jesu. Er, der Weinstock, hat alles gegeben, sogar sein Leben hingegeben, damit unser Leben fruchtbar wird. Wir sind eingeladen, seine Botschaft in unsere Welt zu tragen, selbst Früchte zu tragen.

Als Rebe Jesu bin ich eingeladen zu geben, was weitergegeben werden muss. Aber um ein würdiger Träger seiner erlösenden Liebe sein zu können, muss ich meinen persönlichen Werdegang respektieren. Alles muss stimmen. Alles muss reifen. Wenn ich mit mir selbst nicht im Reinen bin, kann sein Licht nicht durch mich hindurchscheinen. Es ist ein langer Prozess – und nur wenn ich ganz fertig bin, kann ich meine Rolle akzeptieren, heraustreten und mich zu meinen Überzeugungen bekennen. Wer ich bin, der soll ich sein, aber nicht vor meiner Zeit. Da könnten die Schwierigkeiten beginnen.

Manche Menschen wollen, wenn sie sich für den Glauben entschieden haben, gleich begeistert aufbrechen, um anderen die Botschaft Jesu zu bringen, obwohl sie selbst eigentlich erst noch, um im Bild zu bleiben, „wachsen und reifen" müssten. Selbst noch unreif und ohne klare Identität, suchen sie sich Vorbilder, die sie imitieren können. In ihren Augen sind diese Männer und Frauen der Gegenwart oder der Vergangenheit liebenswerter, sanfter, herzlicher, weiser, mutiger, und mystischer als sie, so wie man sich den perfekten Christen eben vorstellt. Solche Qualitäten machen diese Helden ihrer Schwärmerei anziehend und so wächst das Verlangen, ganz wie sie werden zu wollen. Dies unterbricht und verhindert den eigenen Wachstumsprozess und die Energie, die dafür notwendig wäre, wird in anderes investiert. Erst verleugnen sie ihre tiefste Wahrheit, diese ihnen geschenkte Einzigartigkeit, dann legen sie eine Pseudoidentität wie eine Maske über ihr Wesen. Was bleibt, ist billige Imitation, etwas Nachgemachtes, das nur durch Oberflächlichkeit auffällt und dem alle Authentizität fehlt. Jede Reaktion, jedes Geben, jedes Anteilnehmen mag zwar dann so sein wie bei einem heiligen Franziskus, einer heiligen Edith Stein oder einem Albert Schweitzer, aber das Unechte kommt durch und wird für andere oftmals zu einer abstoßenden Erfahrung. Warum? Weil ich nicht ich bin. Ich bin eigentlich auch nicht der andere. Ich bin nichts. Und als nichts bewirke ich nichts.

Fehlende Reife auf dem Weg des ‚Rebe für andere zu sein' zeigt sich aber noch in einem anderen bemerkenswerten Phänomen. Manche Menschen werden von diesem Feuereifer überwältigt. Das „Ich bin berufen zu ..." wird zum „Ich muss mich sofort auf den Weg machen und allen davon erzählen, was ich als wahr und wichtig begriffen habe!" Wie berauscht legen sie los. Wenn es nur ein Rausch der Freude und Begeisterung wäre, dann sollte er ruhig anhalten und diese Menschen beflügeln, alles zur Vollendung zu bringen, was es zu tun gilt. Für viele aber hat dieser Rausch etwas mit Macht zu tun. Sie fühlen sich auserkoren zu Höherem und sind geradezu berauscht, betrunken davon. Dabei verwechseln sie die Autorität der Botschaft mit der Macht des Überbringers. Mit Inbrunst sprechen sie über sich als die Bringer der

Botschaft, predigen mit lautstarken Parolen und verdammen jene, die nicht ihren Weisungen bis zum i-Tüpfelchen folgen. Sie sind nur eine von vielen Reben, erheben sich aber zum Weinstock, zum Weinberg. Nach dem Rausch folgt bald die Ernüchterung. Die Früchte ihrer Bemühungen zeichnen sich nicht durch Reife aus, sondern durch unausgegorenes Wachstum. Das Haltbarkeitsdatum ist schnell überschritten. Die Trauben verderben. Der Wein wird zu Essig.

Es gibt noch eine weitere Form der Unreife. Vielen fehlt einfach Geduld, die Fähigkeit, auf den rechten Augenblick warten zu können und zu erkennen, wann und wie sie für einen anderen ‚Rebe' sein können. So stolpern sie in eine Situation, in das Leben eines Menschen hinein, meinen es gut, aber benehmen sich wie der Elefant im Porzellanladen. Sie wollen einem Suchenden Orientierung geben, einem Bedürftigen helfen, einen Trauernden trösten und durch ihr Handeln Liebe spürbar werden lassen. Sie sehen die Trauer, spüren das Leid, erahnen den Schmerz und greifen doch unüberlegt ein. Ihre gutgemeinten, aber voreiligen Hilfestellungen hinterlassen so nur einen Pfad der Zerstörung, denn Wunden, die zu früh behandelt und dabei wieder ‚aufgerissen werden', entzünden sich neu, anders, tiefer. Da versinken Menschen in den Wellen ihrer eigenen Seelennot, erleiden neue Höllenqualen, ohne zu wissen, wie sie der Gewalt dieser freigesetzten Emotionen Herr werden sollen. Langsam versinkt der Betroffene in seinem Leid, denn der vermeintliche Helfer erwies ihm einen Bärendienst, in dem er ungeduldig die Sache selbst in die Hand nehmen wollte. Er reicht voll guter Absichten eine „Frühlese", wo eigentlich eine Spätlese nötig ist. Welch ein faux pas! Welch schrecklicher Schnitzer!

Wenn Menschen es verstehen, ihre Aufgabe, ‚Rebe zu sein' gut umzusetzen, dann können sie anderen helfen, auf den Geschmack zu kommen und in ein Leben voller Fülle hineinzureifen. Aber das ist leider leichter gesagt als getan. Zu viele Menschen stehen sich selbst im Wege und verweigern sich so der lebensverändernden Erfahrung, die sie machen könnten.

Viele scheinen sich in der Rolle des Opfers wohl zu fühlen. Sie wollen leiden und im Schmerz liegen bleiben. Sie rechtfertigen ihre Haltung mit Behauptungen wie: „Das Leben ist einfach zu schwer und behandelt mich ungerecht" oder: „Ich kann einfach nicht anders". Was sie gefangen hält, sind oftmals traumatische und schicksalsschwere Ereignisse ihrer Vergangenheit. Die Möglichkeit eines neuen Morgens gibt es für sie nicht. Aber Hilfe suchen sie, genießen sogar die Fürsorge, die ihnen entgegengebracht wird. Oft rennen sie von Berater zu Doktor, von der pastoralen Mitarbeiterin zum psychologischen Krisenzentrum, und telefonieren anschließend stundenlang mit einem anonymen Freiwilligen beim ‚Sorgentelefon'. Sie versuchen alles in großer Eile und bewegen sich doch keinen Schritt von ihrer Verzweiflung und ihrem Schmerz weg. Wer mit solchen Menschen bereits zu tun hatte, weiß, dass man durchaus auf sich selbst aufpassen muss. Denn sonst wird jede Traube, jede helfende Hand ausgequetscht und wenn sie leer ist, weggeschmissen. Die Suche nach Hilfe kennt kein Ende.

Aber noch ein anderer Typ Mensch soll hier beschrieben werden. Jene, die sich schlicht und ergreifend weigern, ‚Schmerz' als realen und wesentlichen Teil ihres Lebens anzusehen und als wichtig anzuerkennen. Sie verneinen seine Existenz und vermeiden jegliche Situation, in der Leid auftreten könnte. Emotionen werden unterdrückt, nur das Rationale regiert. Die Worte von Descartes: „Ich denke, darum bin ich" treiben ihr Unwesen, denn sie erlauben es diesen Menschen, alles zu negieren, was nach ihrer Meinung nicht im Gehirn beginnt und von dort dirigiert sowie gesteuert wird. Auch Beziehungen erhalten eine neue Interpretation. Sie werden zu formellen Gegebenheiten, die auf einer oberflächlichen Ebene ausgelebt werden. Gekonnt werden Konflikte und Spannungen ausgeblendet und einfach ignoriert. Die plausible, aber oft fragwürdige Überzeugung: „Das berührt mich nicht" führt nicht selten zu passiv-aggressiven Reaktionen. Da behauptet ein Mann, dass ihn die Auseinandersetzung mit einem Freund kalt lässt. Oder eine Frau sagt, dass die persönlichen Angriffe durch verschiedene Familienmitglieder sie nicht länger beunruhigen. Und sie gebrauchen Lieblosigkeit, gespielte Gleichgültigkeit und Beziehungskälte als Strafe für etwas, was man ihnen angetan hat.

Doch auch bei den scheinbar Unempfindlichen dringen die schmerzlichen und leidvollen Erfahrungen tief in die Seele ein, ob sie es wollen oder nicht. Dort bleiben sie, unbeaufsichtigt, hinter einer Tür der Missachtung vergraben, der Schlüssel ist längst weggeworfen. Aber dort gärt es, eitert es, setzen sich giftige Gase ab. Letztlich arbeitet sich doch alles durch die Wände selbsterrichteter Abstumpfung hindurch und vergiftet alles, die Seele, das Herz, das Denken dieser Menschen. Solche Menschen sind innerlich tot.

Wer nicht zur Einsicht kommt, dass im Schmerz Leben stecken kann, dass Leid letztlich immer auch bereits den Samen für etwas Gutes in sich trägt, der begreift das Leben in seiner Tiefe nicht – er bleibt unreif.

Nein, es ist nicht einfach, eine ‚wahre Rebe' am Weinstock Jesu zu sein oder zu werden. Aber das hat ja auch keiner versprochen. Wachstum und Verwandlung sind schmerzhaft. Das Leben mit all dem Schmerzlichen und Frohen, den Tiefen und Höhen verlangt uns viel ab. Aber es bleibt wahr, dass es ein wunderbares Geschenk ist, berufen zu sein, anderen vom „Geschmack eines Lebens mit Jesus" erzählen zu dürfen. Das können wir, solange wir uns daran erinnern, von wo wir unsere Lebensenergie bekommen. Es ist ein Leben, das vom Rausch der Lebensfreude und der Lebensbegeisterung erfüllt sein darf. Aber es geht auch einher mit dem Erkennen, dass alles seine Zeit hat und braucht, ganz wie es der Prediger Kohelet im Alten Testament so eindrucksvoll beschreibt (Koh 3,1 – 8). Es bleibt ein Dasein, das Schmerz und Leid nicht ausblendet, sondern darum weiß, dass wir nur so „reifen" können.

Von den Winzern unserer Welt können wir viel lernen: Sie wissen, dass alles stimmen muss, wenn wir das bestmögliche Resultat erzielen wollen. Da geht es um angemessene Zeiträume, einen guten Boden, die richtige Lage und passende Witterungsbedingungen. Reben wachsen in Ruhe und Stille, manche brauchen länger, andere kürzer, manche brauchen viel Fürsorge, andere weniger. Was wir haben müssen, ist Geduld und die Fähigkeit, den rechten Zeitpunkt zu erkennen, wann die Traube reif ist. Ja, alles hat seine Zeit.

Sr. Ulrike Diekmann cps

Der Anfang und das Ende

Der Kreis schließt sich.

Als Gott sich Mose das erste Mal zeigte, offenbarte er sich als der „Ich bin der ,ich-bin-da.'" Jesus beschreibt sich im Johannesevangelium mit den sieben „Ich bin"-Worten selbst. Und im Schlusskapitel des letzten Buches der Bibel, der Offenbarung, heißt es von Gott: „Ich bin das Alpha und das Omega, der Erste und der Letzte, der Anfang und das Ende."

Gott war, ist und wird sein. Und dazwischen ist ein Stück Leben, mein Leben – aufgehoben, geborgen in Ihm.

„Alpha" und „Omega" sind jeweils der erste und der letzte Buchstabe des griechischen Alphabets, alle anderen Buchstaben, alle Möglichkeiten, aus diesen Buchstaben Wörter zu bilden, damit etwas auszusagen, sind sozusagen darin enthalten. Damit stehen sie auch für die Vollkommenheit, die nur in Gott erreicht werden kann. Und das ist wiederum der Grund, warum diese beiden Buchstaben, „Alpha" und „Omega" auch auf der Osterkerze stehen, die das Licht des Lebens, Jesus Christus selbst, in die Finsternis hineinträgt.

Wir verdanken unser Leben Gott – und wir werden heimkehren zu ihm. In einem alten Kirchenlied heißt es: „Wir sind nur Gast auf Erden". Wir sind hier nur vorübergehend. Aber wir sind eingeladen, unser Leben zu feiern, es zu genießen, es in Würde zu leben, uns daran zu freuen.

Wir sind eingeladen zum Sein, denn Gott ist.
Wir sind eingeladen zum Leben, denn Gott lebt es mit uns.
Wir sind eingeladen zum Gehen, denn Gott geht uns voraus.

aufgehoben

wenn du
der anfang
und das ende
bist

dann
bin ich
irgendwo
mittendrin

wenn du
der erste
und der letzte
bist

ich muss nicht
erster sein
und werde nicht
letzter sein

ich muss nicht
kämpfen
und kann doch
nicht verlieren

du gibst mir
einen raum
in dem ich
sein kann

ich muss nichts
leisten
und bin doch
jemand

so
wie
ich
bin

Ich bin …

Brot

Jesus sagte zu den Leuten: Amen, amen, ich sage euch: Nicht Mose hat euch das Brot vom Himmel gegeben, sondern mein Vater gibt euch das wahre Brot vom Himmel. Denn das Brot, das Gott gibt, kommt vom Himmel herab und gibt der Welt das Leben. Da baten sie ihn: Herr, gib uns immer dieses Brot! Jesus antwortete ihnen: ich bin das Brot des Lebens; wer zu mir kommt, wird nie mehr hungern, und wer an mich glaubt, wird nie mehr Durst haben.

Johannes-Evangelium 6,32 – 35

Licht

Als Jesus ein andermal zu den Menschen redete, sagte er: Ich bin das Licht der Welt. Wer mir nachfolgt, wird nicht in der Finsternis umhergehen, sondern wird das Licht des Lebens haben.

Johannes-Evangelium 8,12

Tür

*Jesus sagte zu ihnen: Amen, amen,
ich sage euch: Ich bin die Tür zu den
Schafen. Alle, die vor mir kamen, sind
Diebe und Räuber; aber die Schafe
haben nicht auf sie gehört. Ich bin die
Tür, wer durch mich hindurchgeht,
wird gerettet werden; er wird ein-
und ausgehen und Weide finden. Der
Dieb kommt nur, um zu stehlen, zu
schlachten und zu vernichten; ich bin
gekommen, damit sie das Leben haben
und es in Fülle haben.*

Johannes-Evangelium 10,7 – 10

Hirt

Jesus sagte: Ich bin der gute Hirt. Der gute Hirt gibt sein Leben hin für die Schafe. Der bezahlte Knecht aber, der nicht Hirt ist und dem die Schafe nicht gehören, lässt die Schafe im Stich und flieht, wenn er den Wolf kommen sieht; und der Wolf reißt sie und jagt sie auseinander. Er flieht, weil er nur ein bezahlter Knecht ist und ihm an den Schafen nichts liegt. Ich bin der gute Hirt; ich kenne die Meinen, und die Meinen kennen mich, wie mich der Vater kennt und ich den Vater kenne; und ich gebe mein Leben hin für die Schafe.

Johannes-Evangelium 10,11 – 15

Auferstehung

Jesus sagte: Ich bin die Auferstehung und das Leben. Wer an mich glaubt, wird leben, auch wenn er stirbt, und jeder, der lebt und an mich glaubt, wird auf ewig nicht sterben.

Johannes-Evangelium 11,25 – 26

Weg

*Jesus sagte: Euer Herz lasse sich nicht
verwirren. Glaubt an Gott, und glaubt
an mich! Im Haus meines Vaters gibt
es viele Wohnungen. Wenn es nicht so
wäre, hätte ich euch dann gesagt: Ich
gehe, um einen Platz für euch vorzubereiten? Wenn ich gegangen bin und
einen Platz für euch vorbereitet habe,
komme ich wieder und werde euch zu
mir holen, damit auch ihr dort seid, wo
ich bin. Thomas sagte zu ihm: Herr, wir
wissen nicht, wohin du gehst. Wie sollen
wir dann den Weg kennen? Jesus sagte
zu ihm: Ich bin der Weg und die Wahrheit und das Leben; niemand kommt
zum Vater außer durch mich.*

Johannes-Evangelium 14,1 – 6

Wein

*Jesus sagte: Ich bin der wahre Weinstock,
und mein Vater ist der Winzer. Jede Rebe
an mir, die keine Frucht bringt, schneidet
er ab, und jede Rebe, die Frucht bringt,
reinigt er, damit sie mehr Frucht bringt.
Ihr seid schon rein durch das Wort, das
ich zu euch gesagt habe. Bleibt in mir,
dann bleibe ich in euch. Wie die Rebe aus
sich keine Frucht bringen kann, sondern
nur, wenn sie am Weinstock bleibt, so
könnt auch ihr keine Frucht bringen,
wenn ihr nicht in mir bleibt. Ich bin der
Weinstock, ihr seid die Reben. Wer in mir
bleibt und in wem ich bleibe, der bringt
reiche Frucht; denn getrennt von mir
könnt ihr nichts vollbringen.*

Johannes-Evangelium 15, 1 – 5

Epilog

sein.leben.gehen

Dann sah ich einen neuen Himmel und eine neue Erde; denn der erste Himmel und die erste Erde sind vergangen, auch das Meer ist nicht mehr. Ich sah die heilige Stadt, das neue Jerusalem, von Gott her aus dem Himmel herabkommen; sie war bereit wie eine Braut, die sich für ihren Mann geschmückt hat. Da hörte ich eine laute Stimme vom Thron her rufen: Seht, die Wohnung Gottes unter den Menschen! Er wird in ihrer Mitte wohnen, und sie werden sein Volk sein; und er, Gott, wird bei ihnen sein. Er wird alle Tränen von ihren Augen abwischen: Der Tod wird nicht mehr sein, keine Trauer, keine Klage, keine Mühsal. Denn was früher war, ist vergangen.

Er, der auf dem Thron saß, sprach: Seht, ich mache alles neu. Und er sagte: Schreib es auf, denn diese Worte sind zuverlässig und wahr. Er sagte zu mir: Sie sind in Erfüllung gegangen. Ich bin das Alpha und das Omega, der Anfang und das Ende. Wer durstig ist, den werde ich umsonst aus der Quelle trinken lassen, aus der das Wasser des Lebens strömt. Wer siegt, wird dies als Anteil erhalten: Ich werde sein Gott sein, und er wird mein Sohn sein.

Offenbarung, 21. Kapitel, Verse 1 – 7

Sein Leben gehen

Die sieben „Ich bin"-Worte aus dem Johannes-Evangelium können durchaus als „Wegbeschreibung" für den eigenen Lebensweg verstanden werden – wenn ich denn überhaupt Lust habe, mich auf den Weg zu machen.

Solche Wegbeschreibungen lassen sich aber auch dazu nutzen, zu überprüfen, wo ich denn gerade auf meinem Weg bin, sozusagen als eine Art „Bestandsaufnahme".

Es lohnt sich, in einer ruhigen Stunde einmal alle sieben „Ich bin"-Worte auf einen Zettel oder in ein Heft aufschreiben. Dabei geht es nicht um ein Abschreiben um des Abschreibens willen, sondern darum, am besten mit der eigenen Handschrift, etwas verlangsamt, diese Aussagen meditativ auf sich wirken zu lassen und ihnen nachzuspüren. Vielleicht bleibt man schon beim Schreiben bei der einen oder anderen Aussage „hängen" – und dann mag es sich durchaus lohnen, diesem „hängenbleiben" einmal näher nachzugehen. Was bedeutet mir das? Was ist mir wichtig daran? Was ärgert mich? Welchen Trost, welche Zusage finde ich darin?

Alle meine Antworten sind zum einen individuell, zum anderen aber auch situativ. Wenn ich die gleiche „Übung" in einem halben Jahr wiederhole, kann es sein, dass dann meine Antworten ganz anders lauten, einfach weil ich auf meinem Weg schon ein Stück weiter gegangen bin.

Folgende Fragen könnten vielleicht helfen, den eigenen Standort zu bestimmen:

Habe ich im übertragenen Sinne Brot und damit Energie (Kraft) genug, um mich auf den Weg zu machen? Oder bin ich im Moment eher am Verhungern? Was gibt mir die Kraft, damit mein Weg zu einem Aufbruch wird und nicht zu einer Flucht? Was nährt mich? Was möchte ich in meinen Rucksack einpacken – und was kann ich zurücklassen? Was brauche ich wirklich?

Welches Licht weist mir in meinem Leben die Richtung? Woran richte ich mich aus, woran orientiere ich mich? Ist es ein Stern, ein Leuchtturm, eine Stalllaterne? Ist es ein kleines Teelicht oder ein Feuer? Und – wohin führt es mich?

Vor oder an welcher Tür stehe ich im Moment? Führt sie von außen in etwas hinein – oder aus etwas heraus? Ist diese Tür abweisend geschlossen oder weit einladend offen? Oder ist sie vielleicht ein bisschen angelehnt? Was sehe oder erahne ich hinter dieser Tür? Was könnte mir dabei helfen, die Klinke zu ergreifen und sie beherzt zu öffnen? Welche Entscheidungen sind zu treffen? Bin ich bereit, über eine Grenze, durch eine Tür, in einen anderen Raum zu gehen?

Wer oder was behütet und beschützt mich? Wer begleitet mich auf meinem Weg? Mag ich mich überhaupt begleiten lassen? Wo finde ich Schutz, wer birgt mich, wer tut mir gut? Wer geht mit?

Bin ich bereit zum Abenteuer Leben und Lebendigkeit? In welche Gefängnisse habe ich mich stecken lassen, welche Tode bin ich schon gestorben? Will ich aufstehen – oder mag ich lieber liegenbleiben?

Welchen Weg gehe ich – den, den Gott für mich will; oder den Weg, den andere für mich wollen? Gehe ich den Weg, den ich will? Könnten diese verschiedenen Wege etwas miteinander zu tun haben? Welchen Weg mag ich überhaupt nicht gehen? Mag ich überhaupt losgehen? Und: Mit welchem Motiv breche ich auf? Benutze ich den Weg zu meinen Zwecken – oder lasse ich zu, dass auch der Weg schon eine Botschaft für mich hat? Ist der Weg stimmig für mich?

Wie bin ich mit Gott, mit Jesus verbunden? Ist er mir ein Gegenüber, fremd oder feindlich gesonnen – oder spüre ich mich als Teil von ihm? Hole ich aus ihm meine Kraft, wachse, blühe, gedeihe und bringe Frucht? Oder stehe ich unter dem Erwartungsdruck, ihm etwas „abliefern" zu müssen? Wachse ich aus ihm heraus – oder will ich alles alleine machen?

Eines ist klar: Es ist kein Programm, sondern ein Prozess. Ich kann auf meinem Lebensweg nicht eine Station nach der anderen abhaken. Mal stehe ich vor einer Entscheidung, ob ich durch eine Tür gehe, mal brauche ich ein Licht, das mir den Weg weist. Es gibt Situationen, in denen ich einen Wegbegleiter brauche, dann wieder muss ich mir der Gefängnisse bewusst werden, in die ich mich selbst eingekerkert habe. Und wenn ich ganz viel „Frucht" war, mag sein, dass ich dann wieder selbst Brot brauche. Und vielleicht scheint da zwar ein Licht – und doch öffnet sich die Tür nicht.

Wie bei einer Wendeltreppe werde ich immer wieder bei der einen oder anderen Frage „vorbeikommen". Und doch sind es nicht immer die gleichen Fragen. Die Richtung der Fragen mag gleich sein, weil es sozusagen „Grundfragen" von uns Menschen sind, „archetypische" Fragen.

„Wozu bin ich auf der Welt?", das kann ich mit 15 Jahren und mit 85 fragen – und es wird (hoffentlich) verschiedene Antworten geben, weil ein ziemliches Stück Lebensweg dazwischen liegt.

Ich glaube, es kommt einfach darauf an, sich diesen Fragen zu stellen. Denn dann bin ich schon auf dem Weg – wenn ich Antworten suche, wenn ich mich nicht zufrieden gebe mit der Welt und meinem Leben, so wie es ist.

Die Sehnsucht weist in Richtung Leben. Und ich bin dazu eingeladen zu gehen. In und mit Gott.

Als Jesus am See von Galiläa entlangging,
sah er Simon und Andreas, den Bruder
des Simon, die auf dem See ihr Netz
auswarfen; sie waren nämlich Fischer.
Da sagte er zu ihnen: Kommt her, folgt
mir nach! Ich werde euch zu Menschen-
fischern machen. Sogleich ließen sie ihre
Netze liegen und folgten ihm.

Markus-Evangelium,
Kapitel 1, Verse 16 – 18

An einem Tag wie jeder andere …

Als sie am Morgen unter ihren Decken hervorkriechen, schimmert das Licht zur Tür herein. Der Hahn kräht, die Ziegen blöken, Zeit für einen neuen Tag. Ein Blick zum Himmel, wie wird das Wetter werden? Das Feuer anfachen, Wasser warm machen, ein kaltes Stück gebratenen Fisch vom Vorabend essen – ein Morgen wie jeder andere. Und dann fahren sie hinaus auf den See, um zu fischen … so wie sie es jeden Tag tun …

Dass es kein Tag wie jeder andere ist, das können sie noch nicht wissen. Dass da einer am Ufer steht und sie ruft und dass sie alles stehen und liegenlassen, um ihm zu folgen. Dass da etwas ihre Alltagsroutinen ganz plötzlich durchkreuzt, dass da jemand etwas von ihnen will – und für sie will.

Es gibt Momente, die das Leben auf den Kopf stellen, die ihm eine vollkommen andere Richtung geben. Und meistens weiß man am Morgen noch nicht, dass es der Tag für solch einen Moment ist.

Und vielleicht ist es ganz gut so, dass wir es am Morgen noch nicht wissen – wer weiß, ob wir uns dann nicht die Decke über den Kopf ziehen würden, um einfach weiterzuschlafen.

In einem neueren englischen Kirchenlied heißt es: „Herr, du kamst ans Ufer des Sees, voll Liebe hast du mich angeschaut, mich zärtlich lächelnd beim Namen gerufen. Und ich hab mein Boot am Ufer zurückgelassen – um mit dir zu neuen Ufern zu gehen!"

Neue Ufer, die können sich an einem Tag wie jedem anderen ergeben, auch wenn ich am Morgen noch gar nichts davon weiß.

einladung

zugegeben
du wurdest nicht gefragt
ob du leben willst

aber
du bist
eingeladen

einmalig
einzigartig
dein leben

Gott
hat dich
gewollt

so
wie du
bist

er hat
dir
eine chance gegeben

er traut
dir
das leben zu

er will sich
in dir
sehen

du
bist
sein abbild

Gott
lebt
in dir

und du
bist aufgehoben
in ihm

eingeladen
zum
leben

Eberhard Münch

Jahrgang 1959. Schon als Kind begeisterte er sich fürs Malen und Zeichnen. Von 1983 bis 1987 Studium an der Akademie der Bildenden Künste in Nürnberg, Studienfach Wandmalerei bei Prof. Günter Vogelsamer, Prof. Oskar Koller und Prof. Erwin Senft. Abschluss als akademischer Kunstmaler. 1988 Hochzeit mit Maria Amelia Acconci. Seit 1987 selbstständig als freier Maler und Raumgestalter. Aufträge im In- und Ausland. Zahlreiche Ausstellungen und Ausstellungsbeteiligungen seit Anfang der 1980er Jahre.

Andrea Schwarz

Jahrgang 1955. Ausgebildete Industriekauf-frau und Sozialpädagogin, viele Jahre in der Gemeindearbeit tätig und eine gefragte Referentin und Trainerin. Pastorale Mitarbeiterin in der Diözese Osnabrück. Viele ihrer Bücher wurden zu Bestsellern. Zahlreiche Veröffentlichungen. Sie gehört zu den meistgelesenen christlichen Schriftstellerinnen unserer Zeit.

Sr. Ulrike Diekmann cps

Jahrgang 1960. Missionsschwester vom Kostbaren Blut. Ausgebildete Lehrerin und klinische Psychologin, seit 1994 in Mariannhill/ Südafrika tätig. Referentin und Trainerin zu Themen am Berührungspunkt von Erziehung, Psychologie und Spiritualität.

Bildnachweis

Der Bild-Zyklus von Eberhard Münch zu den „Ich bin"-Worten Jesu auf den Seiten 228–231 entstand in den Jahren 2010 bis 2013.

Die einzelnen, zu einem Gesamtbild zusammengefügten Teile haben das Format 77 x 56,5 cm, der gesamte Zyklus ist ca. 540 cm breit und 56,5 cm hoch.

Alle übrigen Bilder und die kalligrafisch gestalteten Skizzen entstanden auf Basis der Texte von Andrea Schwarz und Sr. Ulrike Diekmann cps im Frühjahr und Sommer 2013.

Quellenhinweise

1 www.ruhr-uni-bochum.de/imperia/md/content/nt/nt/ dasjohannesevangelium/p-ich-bin.pdf
2 ebd.
3 Leonardo Boff, Vater unser – Das Gebet umfassender Befreiung. Patmos Verlag Düsseldorf, 5. Auflage 1998
4 Essentials of Servant Leadership, 1970 – www.greenleaf.org
5 Johannesevangelium, Kapitel 18, Vers 38

Inspiration.
Das adeo Magazin.

- Gespräche mit Autoren und Künstlern
- Leseproben aus neuen Büchern
- Erscheint zweimal im Jahr und ist kostenlos erhältlich

adeo – ein Programm, das zum Durchatmen einlädt, zum Innehalten, zum Nachdenken und zum Genießen. Echtes. Authentisches. All das finden Sie im adeo Magazin. Es erscheint zweimal im Jahr, ist kostenfrei und liefert Ihnen eine Fülle von Inspiration in Form von Hintergrundberichten, Autoren- und Künstlergesprächen oder Buchauszügen.

Fragen Sie Ihren Buchhändler danach, oder fordern Sie das Magazin einfach gratis an: www.adeo-verlag.de/magazin

MIX
Papier aus verantwor-
tungsvollen Quellen
FSC® C084279
www.fsc.org

Das für dieses Buch verwendete Papier
ist FSC®-zertifiziert.

© 2016 by adeo Verlag
in der Gerth Medien GmbH, Asslar,
Verlagsgruppe Random House GmbH, München

1. Auflage 2016
Bestell-Nr. 835088
ISBN 978-3-86334-088-9

Gestaltung: Stefan Wiesner
Umschlaggestaltung: Hanni Plato
Satz: Greiner & Reichel, Köln
Druck und Verarbeitung: Print Consult GmbH